Anselm Grün

Vom Ich zum Du

Anselm Grün

Vom Ich zum Du

Für sich und andere sorgen

Kösel

Verlagsgruppe Random House FSC® N001967

Copyright © 2017 Kösel-Verlag, München,
in der Verlagsgruppe Random House GmbH,
Neumarkter Str. 28, 81673 München
Umschlag: Weiss Werkstatt, München
Umschlagfotografie: © Markus Hauck, POW
Satz: GGP Media GmbH, Pößneck
Druck und Bindung: GGP Media GmbH, Pößneck
Printed in Germany
ISBN 978-3-466-37194-5
www.koesel.de

 Dieses Buch ist auch als E-Book erhältlich.

Inhalt

Einleitung:
Vom Ich zum Du

Als mir jemand sagte, er würde gerne einmal etwas von mir zum Thema Sorge und Sorgen lesen, da fielen mir zunächst alle möglichen Zitate ein, die man zunächst einmal negativ verstehen kann. Wir sagen zum Beispiel einander: »Mach dir nicht so viele Sorgen.« Und meinen es gut. Doch klingt die Sorge dabei nach etwas Belastendem, Beschwerendem. Deswegen wünscht man ja oft, der andere möge sich eben *keine* Sorgen machen. Oder mir kam das Buch von Dale Carnegie in den Sinn: »Sorge dich nicht – lebe! Die Kunst, zu einem von Ängsten und Aufregungen befreiten Leben zu finden«. Hier wird die Sorge als etwas verstanden, wovon wir uns unbedingt befreien sollten. Denn die Sorge hindert uns am guten Leben. Sie quält uns und lässt uns nicht zur Ruhe kommen. In dem Lied »Wer nur den lieben Gott lässt walten« singen wir in der zweiten Strophe: »Was helfen uns die schweren Sorgen, was hilft uns unser Weh und Ach? Was hilft es, dass wir alle Morgen beseufzen unser Ungemach? Wir machen unser Kreuz und Leid nur größer durch die Traurigkeit.« Hier wird die Sorge mit Weh und Ach und mit Traurigkeit verbunden. Davon sollten wir uns befreien und unser Vertrauen auf Gott setzen.

Bei der Beschäftigung mit dem Thema Sorge kamen mir die Worte Jesu in den Kopf: »Sorgt euch nicht um euer Leben und darum, dass ihr etwas zu essen habt« (Mt 6,25) oder der Schluss seiner Rede über die Sorglosigkeit: »Sorgt euch also nicht um morgen; denn der morgige Tag wird für sich selbst sorgen.« (Mt 6,34) Die Sorge, das Sorgen ist also etwas, das wir nicht wollen, das wir von unserem Leben möglichst fernhalten sollten? Jesus möchte, dass wir uns keine Sorgen machen.

Doch dann dachte ich an die vielen Mitbrüder, die im Haus arbeiten und liebevoll für die Gemeinschaft sorgen. Oder die Krankenpfleger, die für unsere alten Mitbrüder sorgen. Und ich dachte an meine Mutter, die für ihre sieben Kinder immer sorgte. Ihr machte das Sorgen Spaß. Noch im Alter sorgte sie gerne für andere Menschen. Als sie von einer jungen Frau hörte, die keine gute Beziehung zu ihrer Familie hatte, schickte sie ihr Weihnachten ihre selbst gebackenen Plätzchen. Die sorgende Mutter spürte sofort, wo sich jemand über ein Geschenk freuen konnte. Und viele andere Mütter kamen mir in den Sinn, die Tag für Tag für ihre Familie sorgen. Wenn ich an die vielen Menschen denke, die für andere sorgen, weiß ich, dass die gute Sorge für andere zum Wesen des Menschen gehört.

Und beim Nachdenken über das Phänomen der Sorge kam mir die Definition des Menschen durch den Philosophen Martin Heidegger in den Sinn: Der Mensch ist immer einer, der sich sorgt. Bevor ich also all die Erfahrungen mit der Sorge in unserem Alltag beschreibe, möchte ich einen Blick in die Vergangenheit werfen. Ich möchte den philosophischen Begriff der Sorge bei Heidegger in den Blick nehmen und seine Sicht vergleichen mit der Sicht des Philosophen unter den biblischen

Schriftstellern: mit der Sicht des Predigers Kohelet. Die Sorge gehört für Heidegger nämlich wesentlich zum Menschen. Allerdings meint er damit immer nur die Sorge um sich selbst. Dabei spielt das Du kaum eine Rolle. Die wahre Sorge, die ich bei meinen Mitbrüdern, die dafür sorgen, dass wir alle ein sauberes Haus haben, die ich bei meiner Mutter und vielen anderen Müttern und Vätern wahrnahm, ist immer eine Sorge für den anderen. Der sorgende Mensch kreist nicht um sich selbst, sondern er sorgt aus Liebe für andere. In der Sorge geht es darum, vom Ich zum Du zu kommen, vom Kreisen um mich selbst zu den Bedürfnissen und Nöten des Du zu gelangen. Sorge ist Ausdruck der Liebe. Ohne Sorge bleibt die Liebe nur im Gefühl.

Heidegger hat in seinem Buch »Sein und Zeit«, das 1927 erschienen ist und eine enorme Wirkung hatte, versucht, das Dasein des Menschen zu beschreiben. Er wollte damit eigentlich nicht Eigenschaften des Menschen beschreiben, sondern sein Wesen. Es ging ihm um eine ontologische Beschreibung des Menschen. Das Dasein des Menschen ist dadurch geprägt, dass der Mensch in die Welt geworfen ist. Das Dasein ist aber von seinem Wesen her immer schon über sich hinaus. Das heißt, es geht der Existenz des Menschen voraus, das Dasein ist also nie voraussetzungslos. Daher definiert Heidegger Dasein als »Sich-vorweg-Sein«. Und diese Verfassung des Daseins versteht er als Sorge. Sorge ist also keine Eigenschaft des Menschen, die er haben oder nicht haben kann. Der Mensch als »In-der-Welt-Sein« ist vielmehr wesenhaft Sorge.

Als Veranschaulichung seiner oft nicht leicht verständlichen philosophischen These zitiert Heidegger eine alte römische Fabel des Hyginus:

Als einst die »Sorge« über einen Fluss ging, sah sie tonhaltiges Erdreich: Sinnend nahm sie davon ein Stück und begann es zu formen. Während sie bei sich darüber nachdachte, was sie geschaffen hatte, trat Jupiter hinzu. Ihn bat die »Sorge«, dass er dem geformten Stück Ton Geist verleihe. Das gewährte ihr Jupiter gern. Als sie aber ihrem Gebilde nun ihren Namen beilegen wollte, verbot das Jupiter und verlangte, dass ihm sein Name gegeben werden müsse. Während »Sorge« und Jupiter über den Namen stritten, erhob sich auch die Erde (Tellus) und begehrte, dass dem Gebilde ihr Name beigelegt werde, da sie doch ihm ein Stück ihres Leibes dargeboten habe. Die Streitenden nahmen Saturn zum Richter. Und ihnen erteilte Saturn folgende anscheinend gerechte Entscheidung: »Du, Jupiter, weil du den Geist gegeben hast, sollst bei seinem Tode den Geist, du, Erde, weil du den Körper geschenkt hast, sollst den Körper empfangen. Weil aber die »Sorge« dieses Wesen zuerst gebildet, so möge, solange es lebt, die »Sorge« es besitzen. Weil aber über den Namen Streit besteht, so möge es »homo« heißen, da es aus humus (Erde) gemacht ist.« (Heidegger 198)

Solange der Mensch in der Zeit ist, wird er von der Sorge bestimmt. Das will uns Heidegger mit dieser Fabel veranschaulichen. Der Mensch ist Sorge, wenn er auf der Welt ist. Er sorgt sich um sich. Er ist sich immer schon voraus und immer in Sorge um sich. Dasein ist Sorge um sich. Die Sorge prägt sein Sein. Jeder Mensch sorgt für sich, für sein Leben. Es geht ihm um sich selbst, und deshalb ist er eben immer auf etwas aus und müht sich um etwas.

Was Heidegger als Philosoph im letzten Jahrhundert über das Wesen des Menschen als Sorge beschrieben hat, das hat der Philosoph unter den biblischen Autoren, Kohelet, in ähnlicher

Weise gesehen. Auch wenn der Mensch noch so viel besitzt, so ist das Wesen seines Daseins nur Sorge: »Alle Tage besteht sein Geschäft nur aus Sorge und Ärger, und selbst in der Nacht kommt sein Geist nicht zur Ruhe. Auch das ist Windhauch.« (Koh 2,23) Selbst das Wissen und die Fähigkeiten, die der Mensch erwirbt, befreien ihn nicht von der Sorge. Vielmehr gilt: »Viel Wissen, viel Ärger, wer das Können mehrt, der mehrt die Sorge.« (Koh 1,18) Der Mensch kann also der Sorge nicht entgehen, weder durch Bildung, noch durch Besitz, noch durch Erfolg in seinen Geschäften. Die Sorge begleitet ihn, wo immer er auch ist und in welcher Verfassung er sich auch befindet. Die Sorge gehört zu seinem Wesen. Und es ist eine Sorge, die mit Kummer und Ärger verbunden ist. Über sie gilt das Urteil des Kohelet, dass sie nur Windhauch ist.

Wenn wir diese Analyse Heideggers und Kohelets ernst nehmen, dann würde der sorglose Mensch gegen sein eigenes Wesen als Mensch verstoßen. Er würde sich dagegen wehren, wahrhaft Mensch zu sein. Er würde – um mit Heidegger zu sprechen – im Uneigentlichen leben, im Seinsmodus des »Man«. Aber er würde sich als Mensch nicht richtig sehen. Und wer sich nicht richtig sieht, der lebt auch nicht angemessen. Sowohl Heidegger als auch Kohelet würden also das Buch von Dale Carnegie »Sorge dich nicht – lebe!« als zwar einladende, aber letztlich falsche Spur für unser Menschsein beurteilen. Denn da wird uns ein Menschenbild vor Augen geführt, das dem Wesen des Menschen widerspricht. Es ist das des Menschen, das zwar für viele Menschen anziehend ist, aber sie letztlich in eine Illusion hinein führt, die sich dann in wachsender Depressivität ausdrückt. Falsche Verheißungen tun dem Menschen nicht gut. Da halte ich mich lieber an die Botschaft der Bibel. Wenn Jesus von Sorglosigkeit spricht, meint er etwas anderes als Dale Carnegie. Und wenn die Bibel von der Sorge für andere Menschen spricht, dann weist sie uns einen Weg, wie wir vom eigenen Ego frei werden und den Weg zum Du finden. Davon erzählen uns viele biblische Geschichten.

Anders als die philosophische Analyse von Martin Heidegger verstehen wir nämlich Sorge oft als Fürsorge. Das Wesen der Sorge besteht darin, dass man das Kreisen um sich selbst aufgibt und sich *für* und *um* den anderen sorgt. Mit dieser Haltung gebe ich auf, immer nur für mein eigenes Wohlergehen zu sorgen. Ich gehe vom Ich zum Du. Zu dieser Abkehr vom Ich und von der Hinkehr zum Du erzählt uns schon das erste Buch der Bibel in der berühmten Geschichte von Kain und Abel. Kain kreist nur um sich und seine Anerkennung. Er ist neidisch auf seinen Bruder Abel, weil er meint, er würde von Gott bevorzugt. Dieses Kreisen um das eigene gekränkte Gefühl führt dazu, dass er seinen Bruder erschlägt. Er kann es nicht aushalten, dass da ein anderer neben ihm ist, der vielleicht mehr gesehen wird, der mehr Erfolg hat, der mehr die Aufmerksamkeit der Menschen auf sich zieht und eher im Mittelpunkt steht als er selbst. Doch Gott reagiert auf den Brudermord mit der Frage an Kain: »Wo ist dein Bruder Abel?« (Gen 4,9) Kain antwortet Gott voller Trotz: »Ich weiß es nicht. Bin ich der Hüter meines Bruders?« (Gen 4,9) Gott lässt nicht zu, dass Kain nur um sich und seine Gefühle kreist. Er hat Verantwortung für seinen Bruder Abel. Die Frage, die Gott dem Kain stellt, stellt er auch uns: »Wo ist dein Bruder, dessen Blut zum Himmel schreit? Wo ist deine Schwester, die im tiefen Loch der Depression steckt?« Wir dürfen nicht einfach wegschauen. Gott hat uns auf den anderen hin geschaffen. Und wir haben für den anderen zu sorgen.

Genauso wie die Sorge wesentlich ist für den Menschen, gehört es auch zum Wesen des Menschen, dass er gefragt wird, dass er in Frage gestellt wird. Gott ist es, der den Menschen fragt. Und dieser Frage hat der Mensch zu antworten. Das deutsche Wort »fragen« hängt zusammen mit »Furche«. Die Frage, die Gott uns stellt, gräbt eine Furche in den Acker unserer Seele. Das gilt aber auch für unsere Fragen. Wenn ich einem Menschen eine Frage stelle, dann will ich ihn nicht ausfragen oder befragen, ich grabe vielmehr eine Furche in seine Seele, damit die Seele aufgebrochen wird für einen fruchtbaren Samen und damit dieser Same aufblühen kann. Die Fragen, die Gott oder andere Menschen uns stellen, verlangen nach einer Antwort. Wenn wir angemessen auf die Fragen antworten, die uns gestellt werden, dann bringt das unsere Seele zum Blühen.

Sorge für den Bruder, Sorge für die Schwester, das heißt Verantwortung. Und Verantwortung gehört wesentlich zum Menschen. Hans Jonas hat das Hauptwerk seiner Philosophie »Verantwortung« betitelt. Wir sind nicht nur verantwortlich für die Folgen unseres Handelns. Vielmehr müssen wir schon vorausschauend Verantwortung für unsere Welt übernehmen. Wir müssen überlegen, welche Folgen unser Handeln für die Menschen der Zukunft hat und für die Grundlage ihres Lebens, für die Zukunft der Erde und des Kosmos. Jonas nimmt die Verantwortung der Eltern für ihre Kinder als Paradigma für die Verantwortung, die wir heute für die ganze Welt haben. Die elterliche Verantwortung ist gleichsam der Archetyp von Verantwortung für jeden Bürger und vor allem auch für den Staatsmann. Verantwortung für das Kind heißt: Verantwortung für sein Werden, für seinen Leib, für seine Seele, für seinen Charakter, für sein Wissen, für sein Verhalten, für seine Zukunft, für die Bedingungen, in denen es in Zukunft leben kann.

Verantwortung ist eine Verstärkung von Antwort. Und Antwort heißt ursprünglich: ein Wort sagen im Angesicht (anti) des anderen. In der Verantwortung habe ich also immer den anderen im Blick. Es gibt keine abstrakte Verantwortung, sondern immer eine Verantwortung für Personen. Das gilt auch für die Verantwortung für die Folgen meines Handelns im Blick auf die Umwelt. Denn da geht es auch um die Antwort, die ich den Menschen gebe, die in Zukunft auf dieser Erde leben. Ich habe also in meiner Verantwortung immer schon konkrete Menschen im Blick. Ich antworte, indem ich sie anschaue. Ich spreche meine Worte in ihr Antlitz hinein. Und da werde ich sehr achtsam mit meinen Worten umgehen. Sorge als Verantwortung meint ähnlich, dass ich für konkrete Menschen sorge, dass ich es wage, in ihr Gesicht zu schauen und diesem fragenden Gesicht mit meiner Sorge eine Antwort gebe, die seinem tiefsten Bedürfnis entspricht.

In vielen Seelsorgegesprächen höre ich von den Sorgen der Eltern um ihre Kinder, von der Sorge für die alten und kranken Eltern. Und in dieser Sorge für andere Menschen spüre ich die Liebe, die mit der Sorge verbunden ist. Aus Liebe sorgen wir für andere, deren Not wir erkennen. Vom Ich zum Du. Und wenn jemand für mich sorgt, tut mir das gut. Ich spüre, dass ich nicht allein gelassen bin mit meinen Bedürfnissen, dass da jemand einen Blick hat für das, was ich brauche oder gerne hätte. Und ich bin dankbar, wenn andere für mich sorgen. Gerade im Kloster darf ich es genießen, dass ich nicht für alles selber sorgen muss. Für das Essen sorgen andere. Ich darf mich jeden Tag an

einen gedeckten Tisch setzen. Ich brauche mich nicht zu kümmern, dass es Strom im Haus gibt oder der Wasserhahn funkti-
oniert. Weil andere für mich sorgen, finde ich Zeit für das, was
mir wirklich wichtig ist und Freude macht, für das Schreiben, für
Vorträge und Kurse.

Während es Dale Carnegie nur um das Wohlbefinden des Ego
geht in seiner Entwertung der Sorge, führt uns die echte Sorge,
die jede Mutter und jeder Vater für seine Kinder hat, die viele
Lehrer und Erzieher für ihre Schüler und Schülerinnen haben,
vom Ich zum Du. Ich kreise nicht um mich und mein Wohlbefinden. Ich frage mich nicht ständig, wie ich mich fühle, ob ich
auch gerade positive Gefühle habe. In der Sorge bin ich immer
schon beim anderen. In der Sorge schaue ich von mir selbst weg.
Es ist nicht so wichtig, wie es mir geht. Die Sorge für den anderen berührt mich. Es kümmert mich, wie es ihm geht. Ich schaue
nach ihm, ich sorge für ihn, dass es ihm gut geht. Und diese
Sorge für den anderen kann mich durchaus erfüllen und glücklich machen. Wenn der Mensch, für den ich sorge, dankbar diese
Sorge annehmen kann, fühle ich mich selbst beschenkt. Aber ich
sorge nicht, damit ich etwas davon habe, damit ich ein gutes
Gefühl bekomme. Vielmehr sorge ich für den anderen, weil er
mir wichtig ist, weil ich einen Blick für ihn habe, weil ich ihn
liebe.

Die Ambivalenz der Bedeutung von Sorge finde ich auch im
Duden, der uns von der Entwicklung des Wortes berichtet. Das
Wort leitet sich vom althochdeutschen *sorga* ab und bedeutet
ursprünglich »Kummer, Gram«. In den baltischen Sprachen hat
es sogar den Beigeschmack von Krankheit. So bedeutet es im
Deutschen entweder: »Unruhe, Angst, quälende Gedanken«,

oder aber: »Bemühung um Abhilfe, Fürsorge, Sorge für die Zukunft, tätige Bemühung um jemanden«. Der Begriff hat aber immer mehr hinzugewonnen, so wie der Mensch durch Sorge um und für den Anderen hinzugewinnt. Die positive Bedeutung von Sorge führte zu Worten wie Fürsorge, Vorsorge, Sorgfalt oder zu versorgen und besorgen. Fürsorge und Sorgfalt haben einen guten Klang. Wenn eine Ärztin oder ein Kellner fürsorglich mit uns umgeht, tut es uns gut. Und wir finden es gut, wenn die Eltern ihre Fürsorge für ihre Kinder in guter Weise wahrnehmen. Andernfalls muss das Jugendamt die Fürsorge übernehmen. Eine Arbeit, die sorgfältig ausgeführt ist, erfreut uns. Das gilt nicht nur für den Handwerker, sondern auch für den Autor. Ein sorgfältig gedachtes und geschriebenes Buch wollen wir gerne lesen, dann erreicht es uns und bewirkt etwas. Das Gegenteil von sorgfältig ist schlampig. Wenn jemand seinen Vortrag nicht sorgfältig vorbereitet hat, ärgern wir uns. Wir haben den Eindruck, dass wir Hörer dem Redner nicht wichtig sind. Er interessiert sich nur für sich und seine eigene Bequemlichkeit. Auch das Besorgen und Versorgen sehen wir positiv. Wir freuen uns, wenn jemand uns mit den nötigsten Dingen versorgt oder uns etwas besorgt, was wir gerne hätten.

Die Griechen haben zwei Worte für Sorge *merimna* und *meletao*. In diesen zwei Worten ist jeweils der positive oder der negative Aspekt der Sorge betont. Das Wort *merimna* meint Sorge als das Sich-Kümmern um etwas, das Auf-etwas-aus-Sein, die bange Erwartung an etwas, als Angst vor etwas, als Leid, als mühselige Arbeit, als Last. Es kann gleichbedeutend mit *lype* (Trauer, Leid) gebraucht werden. Und es kann ein Grübeln bedeuten. Man macht sich Sorgen, man ist in Angst um jemanden. Es sind plagende und quälende und ängstliche Sorgen. Die Sorge hat

immer mit Angst zu tun. Sie ist Handeln aus Angst, »praktizierte Angst ums Dasein« (Ulrich Lutz). Diese Sorgen hat Jesus
im Blick, wenn er uns mahnt, wir sollten uns keine Sorgen
machen. Das Wort *meletao* dagegen heißt: für jemanden sorgen, etwas besorgen, sich um jemanden kümmern. So sorgt der
Samariter für den verwundeten Mann und bittet den Wirt, er
solle weiterhin auch für ihn sorgen. Die Worte, die mit *meletao*
zusammen gesetzt sind, können auch bedeuten: ein Herz haben
für jemanden. In diesem Sinn ist die Sorge der Liebe nahe. Sorgen ist ein Ausdruck, den anderen Menschen zu lieben, für ihn
ein Herz zu haben.

Im Deutschen müssen wir immer genau hinhören, in wel-
chem Sinn wir von Sorge und Sorgen sprechen. Im Griechischen ist es klar. Jesus möchte uns von der *merimna* befreien.
Aber er ruft uns auf, wie der barmherzige Samariter für den zu
sorgen, den wir am Wegrand liegen sehen in seiner Not, in seiner
Hilflosigkeit, in seiner Ohnmacht. Dann verwirklichen wir, was
Jesus mit *meletao* meint. Und Jesus selbst sorgt in diesem Sinn
für uns. Er sendet uns den Beistand, der uns beisteht, der für uns
sorgt, wenn wir Angst bekommen vor den Menschen, wenn wir
nicht wissen, was wir ihnen antworten sollen. Weil Jesus im Hei-
ligen Geist selbst für uns sorgt, kann er uns zurufen: »Euer Herz
beunruhige sich nicht und verzage nicht.« (Joh 14,27)

In diesem Buch möchte ich vor allem die positive Bedeutung der
Sorge bedenken. Ich möchte all die Menschen würdigen, die
sich um andere Menschen sorgen, um die Kinder, um Kranke,
um Flüchtlinge, um Alleinstehende, um Kollegen; um die Seelen und die Körper, um die Freuden und die Ängste. Und ich
möchte die Sorge als Ausdruck der Liebe beschreiben. Diese
sorgende Liebe brauchen wir heute mehr denn je. Denn wir

leben in einer Zeit, in der viele Menschen nur für sich selbst sorgen und nur ihr eigenes Wohlbefinden im Blick haben. Aber natürlich habe ich auch die Gefahren im Blick, wenn sich jemand zu viele Sorgen macht. Mir geht es darum, sorgfältig mit diesem Begriff »Sorge« umzugehen und zu betrachten, welche Rolle er in unserem Zusammenleben mit anderen, aber auch in unserem Umgang mit dem Augenblick und mit der Zukunft spielen kann.

So möchte ich die Sorge als Verantwortung für verschiedene Gruppen von Menschen beschreiben, zunächst für Menschen in Not, dann für die Kinder, die Eltern, die Familie und die Kollegen.

Sorge in konkreter Not

Wir hören und sehen heute in den Medien ständig von der Not anderer Menschen in der weiten Welt. Die Bilder vom Bürgerkrieg in Syrien, vom unermesslichen Leid der Menschen in Aleppo, die Bilder von Terrorangriffen und Gewalttätigkeiten gehen um die ganze Welt. Viele können diese Bilder nicht mehr sehen. Sie wollen sich vor dem Leid der anderen schützen. Sie sagen: »Wir können das nicht mit ansehen. Wir können nichts dagegen tun. Wir sind ohnmächtig.« Die ständigen Bilder von neuem Leid stumpfen außerdem viele ab. Sie sagen: »Das ist nicht mein Problem. Ich muss sehen, dass es mir einigermaßen gut geht. Ich versuche dort, wo ich bin, gut zu leben.« Diese Menschen müssen die Augen verschließen vor der Not der anderen. Doch das geht auf Dauer nicht. Denn nicht nur im Fernsehen treffen wir ständig auf Menschen in Not, sondern auch in unserer unmittelbaren Nähe. Auf kranke und leidende Menschen, die uns anschauen und uns fragen, ob wir uns nicht um sie kümmern und für sie sorgen möchten.

Auch im unmittelbaren Umfeld gibt es diese gewollte Blindheit. Man schaut nicht hin, wenn ein alter Mann in der U-Bahn angepöbelt, wenn eine Frau auf dem Bahnsteig umgestoßen wird. Man kreist nur um sich. Man möchte die Not um einen herum nicht sehen. Man möchte sich nicht einmischen, nicht für andere sorgen. Die Not der Flüchtlinge lässt sie kalt. Und sie haben viele rationale Begründungen im Kopf, um mit einem guten Gewissen ihre Augen vor der Not der Flüchtlinge zu verschließen. Man sagt sich: »Die sind doch selbst schuld. Die sollen versuchen, daheim gut zu leben. Wir können nicht alle aufnehmen. Die nehmen uns nur die Arbeit weg. Die gefährden unsere Sicherheit. Wir fühlen uns nirgends mehr sicher.« Wenn wir diese Argumente psychologisch analysieren, so zeigt sich, dass man sich damit von der Sorge für andere Menschen dispensieren möchte. Doch das führt in einer Gesellschaft, die ja auch eine Gemeinschaft ist, ob wir wollen oder nicht, zur Kälte und zur Vereinsamung. Die Kälte der Gesellschaft lässt viele Menschen frieren, innerlich und äußerlich. Wir verkommen dann zu einer Ansammlung von Individuen, in der die Menschen nur noch um die eigenen Bedürfnisse kreisen.

Im Mittelalter haben sich viele Christen durch die sieben Werke der Barmherzigkeit für die Notleidenden engagiert. Die Werke der Barmherzigkeit waren Ausdruck der Sorge für andere. Und diese sieben Werke der Barmherzigkeit haben die Gesellschaft menschlicher, barmherziger und wärmer werden lassen. Sie gehen direkt auf die Worte Jesu aus der Gerichtsrede zurück. Dort sagt Jesus: »Ich war hungrig, und ihr habt mir zu essen gegeben; ich war durstig, und ihr habt mir zu trinken gegeben; ich war fremd und obdachlos, und ihr habt mich aufgenommen; ich war nackt, und ihr habt mir Kleidung gegeben; ich war krank, und ich habt mich besucht; ich war im Gefängnis, und ihr seid zu mir gekommen.« (Mt 25,35 f) Die frühe Kirche hat zu diesen sechs Werken der Barmherzigkeit, die Jesus selbst nennt, noch als siebtes Werk hinzugestellt: »Die Toten begraben«. Das bedeutet auch: Die Trauernden begleiten. Jesus identifiziert sich selbst mit den Hungernden und Durstigen, mit den Fremden und Kranken, mit den Nackten und Bloßgestellten und den Gefangenen. Die Sorge für die Menschen ist also Begegnung mit Jesus selbst. Dabei zeigt uns Jesus, dass wir uns in der Sorge nicht über die »Versorgten« stellen dürfen. Er spricht ja im Gleichnis vom König, der sich mit den Armen identifiziert. In jedem Armen und Kranken begegnen wir einem König und einer Königin. Es geht also nicht darum, in der Sorge auf andere herabzuschauen, sondern zu ihnen aufzuschauen und ihnen ihre königliche Würde wiederzugeben. Indem die Christen sich diese sieben Werke der Barmherzigkeit als Aufgabe gestellt haben, haben sie ihre Sorge für die Menschen wahrgenommen.

Die christliche Tradition hat diese sieben Werke der Barmherzigkeit wörtlich genommen, aber zugleich immer auch symbolisch ins Leben übersetzt. Es geht nicht nur darum, die zu sättigen, die kein Brot haben. Das ist die erste Aufgabe. Aber viele Menschen in unserer Umgebung hungern nach Zuwendung und Anerkennung, nach einem freundlichen Blick. Sie hungern nach Worten, die sie wirklich nähren. Sie sind all der leeren Worte leid. Sie wollen Worte hören oder lesen, die ihren Hunger stillen. Und der Durst bezieht sich nicht nur auf den Mangel an Wasser, sondern auch auf den Mangel an Liebe. Wir dürsten nach Liebe. Einen Blick dafür zu haben, wie viele Menschen in meiner Umgebung nach Liebe dürsten, das bringt Barmherzigkeit in die Welt.

Ein weiteres Werk der Barmherzigkeit besteht darin, Fremde aufzunehmen. Jesus identifiziert sich mit den Fremden, er setzt sich mit ihnen gleich: »Ich war fremd und obdachlos, und ihr habt mich aufgenommen.« (Mt 25,35) Die Fremden sind heute die vielen Flüchtlinge, die zu uns kommen. Sie gilt es aufzunehmen und mit ihnen zusammen einen Weg zu gehen, wie das griechische Wort »synago = zusammenführen, gastlich aufnehmen« es uns anzeigt. Der Fremde heißt im Griechischen »xenos«. Das meint sowohl den Fremden, als auch den Gastfreund. Der Fremde kann zum Gastfreund werden. Jesus selbst beschenkt uns, wenn wir den Fremden aufnehmen. Denn im Fremden nehmen wir ihn selber auf. Jesus selbst wird im Fremden für uns zum Gastfreund, der uns mit seiner göttlichen Liebe beschenkt.

Für die Juden war die Gastfreundschaft für die Fremden eine Antwort darauf, dass sie selbst Fremdlinge waren in Ägypten. Die Fremden, die wir barmherzig aufnehmen, werden auch für uns zum Spiegel, dass wir alle hier auf Erden Fremdlinge sind, die einer ewigen Heimat zuwandern. So hat es der Hebräerbrief gesehen, wenn er von Abraham, Sara, von Isaak und Jakob schreibt: »Voll Glauben sind diese alle gestorben, ohne das Verheißene erlangt zu haben; nur von fern haben sie es geschaut und gegrüßt und haben bekannt, dass sie Fremde und Gäste auf Erden sind. Mit diesen Worten geben sie zu erkennen, dass sie eine Heimat suchen. Hätten sie dabei an die Heimat gedacht, aus der sie weggezogen waren, so wäre ihnen Zeit geblieben zurückzukehren; nun aber streben sie nach einer besseren Heimat, nämlich der himmlischen.« (Hebr 11,13-16)

Die Aufnahme von Fremden ist Zeichen unserer Solidarität, dass wir alle Fremde sind auf dieser Erde. Wir versuchen den Fremden eine Heimat zu geben und wissen doch, dass es hier keine letzte Heimat geben kann. Die Heimat, die wir ihnen schenken, verweist uns auf die gemeinsame Heimat im Himmel, von der Paulus im Philipperbrief spricht: »Unsere Heimat aber ist im Himmel.« (Phil 3,20) So entspricht die Aufnahme von Fremden zutiefst der christlichen Spiritualität. Für die frühe Kirche war die Aufnahme von Fremden zudem der Weg, wie der christliche Glaube verbreitet werden konnte.

Ebenso verhält es sich mit dem vierten Werk der Barmherzigkeit: Denn Nackte sind nicht nur die, die keine Kleider haben, sondern die bloßgestellt werden vor anderen. Viele Menschen leiden heute zum Beispiel daran, dass sie in der Öffentlichkeit bloßgestellt werden oder vor anderen lächerlich gemacht werden. Befeuert und millionenfach verbreitet vom Internet, das immer genauso barmherzig oder eben unbarmherzig ist, wie die Menschen, die es nutzen. Wir sollen die Bloßgestellten nicht neugierig anstarren, sondern sollen sie mit dem Mantel der Barmherzigkeit umhüllen.

Die Kranken besuchen kann nur der, der sich seiner eigenen Krankheit stellt. Ich höre oft von Kranken, dass die Angehörigen zwar kommen, aber nur oberflächlich mit ihnen reden. Das ist kein echter Besuch, in dem ich den anderen wirklich suche, nach ihm frage, ihn sehen möchte in seiner Not. Auch Gefangene zu besuchen war für die frühe Kirche wichtig. Denn viele Christen landeten im Gefängnis wegen irgendwelcher Anklagen. Und dort bekamen sie nichts zu essen. Sie waren also angewiesen auf Menschen, die zu ihnen kamen und sie versorgten. Gefangen sind heute viele Menschen in ihren eigenen Vorstellungen, in Zwängen oder in Ängsten. Es braucht Mut, zu solchen Menschen zu gehen.

Das siebte Werk der Barmherzigkeit heißt wie schon gesagt: Tote begraben und Trauernde trösten. Ich halte oft Kurse für Trauernde. Sie erzählen mir, dass sie sich in ihrer Trauer nicht nur allein, sondern sogar isoliert fühlen. Fast aussätzig, als hafte der Tod ihnen an. Eine Mutter, die ihr Kind verloren hat, sagte mir, sie dürfe im Kreis ihrer Verwandten den Namen des verstorbenen Kindes nicht mehr erwähnen. Die Verwandten möchten mit der Trauer nichts mehr zu tun haben. Andere erzählen davon, dass Freunde die Straßenseite wechseln, weil sie der Trauer aus dem Weg gehen wollen. Da spürt man, wie die Gesellschaft kalt wird, wie trauernde Menschen sich vereinsamt und von der Gesellschaft ausgeschlossen fühlen. Diese Kälte tut den Menschen nicht gut. Nicht denen, die in Not sind, nicht der Gesellschaft. Mangel an Sorge lässt die Menschen frieren. Sie fühlen sich allein. Denn diese Kälte trifft nicht nur die Schwachen, sondern irgendwann auch die Starken. Schließlich kommt jeder einmal in die Situation, dass er um Verstorbene trauert.

Jesus selbst fordert uns auf, die Augen nicht zu verschließen vor der Not des anderen, sondern für ihn zu sorgen. In der Erzählung vom barmherzigen Samariter erzählt er von zwei frommen Menschen, denen ihr Bedürfnis nach Reinheit wichtiger ist als die Not des Mannes, der unter die Räuber fiel und halbtot am Straßenrand liegt. Jesus beschreibt diesen Mann als einen, der von den Räubern seiner Kleider und seiner Habe beraubt und dann auch noch mit Schlägen traktiert wird. Halbtot bleibt er liegen. In diesem Mann erkennen wir heute viele der Flüchtlinge wieder, die in ihrem Heimatland auch aller Habe beraubt wurden und oft viele Schläge bekommen und traumatische Gewalterfahrungen gemacht haben. An diesen Menschen mitten in unserer Gesellschaft gilt es, nicht vorüberzugehen.

Wir kennen die Argumente des Priesters und des Leviten, die vorübergehen: Ich habe jetzt keine Zeit. Ich habe einen Termin, bei dem ich pünktlich sein muss. Ich kann mich hier jetzt nicht einmischen. Das wird so kompliziert. Da muss ich die Polizei holen oder die Sanitäter. Und die werden mich ausfragen, ob ich schuld sei am Unfall des anderen. Ich will all diesen Schwierigkeiten aus dem Weg gehen. Daher schaue ich lieber weg und gehe meinen Weg weiter. Der Priester und der Levit hatten noch andere Gründe, weiter zu gehen. Die Berührung mit einem blutenden Menschen hätte sie unrein gemacht. Sie hätten ihren priesterlichen Dienst nicht verrichten können. Sie hätten sich zuvor aufwendigen Reinigungen aussetzen müssen. All diese Komplikationen wollten sie vermeiden. Wir kennen ihre Argumente nur zu gut, auch wenn sie in unserer heutigen Zeit etwas anders ausfallen. Bei uns geht es nicht um die Frage der Reinigung, sondern um die Frage, ob wir unserer wichtigen Aufgabe, zu der wir gerade unterwegs sind, nicht nachkommen, ob wir unseren Auftrag nicht erfüllen können.

Jesus erzählt, dass da ein Samariter, ein Fremder, einer, der bei den Juden nichts galt, vorüberkommt. Er ist auf Reisen, vermutlich auf einer Geschäftsreise. Er hätte also ebenso wie die anderen allen Grund, vorüberzugehen. Er hat einen wichtigen Termin einzuhalten. Doch dieser Samariter sieht den Mann, der da halbtot am Straßenrand liegt, und er hat Mitleid mit ihm. Wörtlich heißt es im Text *splachnizomai*, was bedeutet: Er wurde in seinen Eingeweiden ergriffen. Die Eingeweide sind der Ort der verwundbaren Gefühle. Der Samariter lässt sich also von der Not des Mannes betreffen. Er nimmt das Leid des anderen in sich auf. Und er fühlt mit dem Leidenden. Er achtet nicht auf seine Zeit und seine Termine. Er leistet erste Hilfe. Seine Hilfe bringt ihn in Bewegung. So beschreibt Lukas sein Tun mit lauter Verben: »Er sah ihn, hatte Mitleid, ging zu ihm hin, goss Öl und Wein auf seine Wunden und verband sie. Dann hob er ihn auf sein Reittier, brachte ihn zu einer Herberge und sorgte für ihn.« (Lk 10,34)

Der Samariter tut das, was ihm möglich ist. Er versucht, die Schmerzen zu lindern und die Wunden zu versorgen, sie zu verbinden. Lukas verwendet für sein Tun das positive Wort für Sorge (epiméleia). Der Samariter sorgt sich um den Verwundeten, während der Priester und Levit sich von dieser Sorge durch Wegschauen befreien. Die Sorge wird darin sichtbar, dass der Samariter seine Reise unterbricht. Er übernachtet mit dem Verletzten in der Herberge. Er verzichtet darauf, pünktlich zu seinem Termin zu kommen. Am nächsten Morgen holt er zwei Denare heraus und sagt dem Wirt: »Sorge für ihn, und wenn du mehr für ihn brauchst, werde ich es dir bezahlen, wenn ich wiederkomme.« (Lk 10,35) Im Griechischen steht hier wieder das Wort »epimeletheti«. Das meint: Sorge für ihn, hab ein Herz für ihn. Das Lateinische braucht hier drei Worte: »Curam illius habe«. Es geht also um die Cura, um eine Kur, die der Verletzte in der Herberge erfährt. Es ist eine heilsame Kur, in der seine Wunden gepflegt und geheilt werden. Sorge für den anderen bedeutet hier: kurieren. Sie ist ein heilsames Handeln für den anderen.

Eines ist tröstlich an dieser Geschichte vom Samariter. Ich meine jetzt nicht die Tatsache, dass er sich überhaupt um den Verletzten kümmert. Ich meine aus Sicht des Samariters. Denn er übernimmt nicht für ewige Zeiten die Sorge für den verletzten Mann. Er sorgt, solange er gebraucht wird. Und dann gibt er die Sorge an den Wirt weiter. Er bringt den Verwundeten in eine Herberge, in der er professionelle Hilfe erfährt. Aber der Samariter lässt den Mann nicht allein. Er sorgt weiter für ihn, indem er dem Wirt das Geld gibt, das der für seine Sorge benötigt.

Wir können bei den vielen Menschen, die wir am Rand unserer Wege liegen sehen, die Flüchtlinge und die Menschen, die innerlich ausgeplündert sind, die leer geworden sind und keine Hoffnung mehr für sich haben, die Hungrigen, die Durstigen, die Fremden, die Nackten, die Kranken, die Gefangenen, die Trauernden – wir können nicht die Sorge für alle Zeiten übernehmen. Unsere Sorge ist immer auch begrenzt. Wir können sie auch weiter geben. Aber das soll eben keine Ausrede sein, nichts zu tun, à la »wäre ja nur ein Tropfen auf den heißen Stein«. Nein, wie der Samariter sollen wir das tun, was in unserer Hand liegt. Und wir sollen wie der Samariter alle unsere Bedenken, durch unsere Sorge in Zeitnot oder in Schwierigkeiten zu geraten, beiseite schieben und einfach anpacken, so wie es uns möglich ist. Und dann wieder die Sorge abgeben.

Viele lesen die Erzählung Jesu vom Samariter mit einem schlechten Gewissen. Sie meinen, sie müssten jedem helfen, der in Not ist. Das wäre sicher eine Überforderung. Aber wir sollen auf den inneren Impuls hören, den Gott uns oft gibt. Wenn wir einen Menschen in Not sehen, sollten wir darauf achten, was in unserem Herzen da an Gedanken auftaucht. Gibt es einen Impuls zu helfen? Oder haben wir das Gefühl, da sind wir überfordert? Natürlich müssen wir darauf achten, dass wir uns nicht »vernünftige« Ausreden zurechtlegen, um den inneren Impuls zum Schweigen zu bringen. Aber wir sollten auf unser Gewissen hören. Was sagt uns Gott in unserem Gewissen? Und da gibt es durchaus auch Situationen, in denen uns das Gewissen sagt, dass wir hier nicht als Helfer gemeint sind. Dennoch sollten wir uns fragen, welche Form von Anteilnahme an diesem konkreten Notleidenden jetzt für uns stimmig ist.

Eine Art und Weise, an der Not des anderen vorüberzugehen, besteht darin, über ihn zu reden. Ich höre in Gesprächen immer wieder, wie Menschen über andere reden. Der Bekannte, der in der Bank arbeitet, ist depressiv. Der andere leidet an Burnout. Ein dritter findet aus seiner Trauer nicht mehr heraus »ins Leben«. Schlimm, furchtbar, tragisch, nicht wahr? Wir sprechen gerne über die Nöte der anderen. Aber das Reden ist oft nur ein Beschwichtigen oder Wegdrücken des eigenen schlechten Gewissens. Wir reden nur, wir tun nichts. Der Priester und Levit waren mit ihren Gedanken beschäftigt. Sie sprachen sie nicht aus, die Gedanken redeten nur in ihrem Kopf miteinander. Aber das Reden über andere ist nichts anderes als das Verhalten des Priesters und Leviten. Wir bleiben in unseren inneren oder äußeren Worten hängen. Aber wir kommen nicht zum Tun. Wir sorgen nicht für den Menschen. Manche meinen, wenn sie über die Krankheiten oder Probleme anderer reden, dann wäre das schon Sorge. Aber ihre scheinbare Sorge drückt sich nicht in einem Handeln aus. Daher ist das Reden über die Nöte der anderen nur ein Alibi, nichts selbst tun zu müssen. Der Samariter will uns dazu einladen, unser Reden über die Nöte der andern in konkretes Tun zu verwandeln. Nur dann entsprechen wir der Botschaft, die Jesus uns in diesem Gleichnis vom barmherzigen Samariter sagen möchte. Der Samariter hat nicht nur Mitleid, er handelt auch. Er verwandelt sein Mitleid in ein Mittun. Manche baden sich in ihrem Mitleid. Und sie meinen, damit würden sie den anderen schon helfen. Aber wenn ich nur um mein Mitleid kreise, schwäche ich mich selbst und ich helfe dem anderen nicht weiter. Das Mitleid muss sich ausdrücken, sonst wird es ein Kreisen um sich selbst.

Ritual

Halten Sie Ihre Hände in Form einer Schale vor sich hin. Dann stellen Sie sich einen Notleidenden vor, einen Menschen in Ihrer Nähe, der krank ist, der fremd ist, der bloßgestellt worden ist, der in sich und seiner Not gefangen ist, oder der ausgeplündert ist wie der Mann in der Geschichte vom Samariter. Halten Sie diesen Menschen in Ihren Händen Gott hin, dass Gottes heilende Kraft und Liebe in ihn einströmt. Der hebräische Ausdruck für Barmherzigkeit bedeutet eigentlich: Mutterschoß. Halten Sie diesen Menschen mütterlich Gott hin, dass Gottes Liebe ihn umfängt. Das Ritual soll kein Ersatz sein für tätige Hilfe und Fürsorge. Aber Sie erleben ja in Ihrer Fürsorge immer auch Grenzen, und Sie spüren die Hilflosigkeit, allen Menschen, die Sie in Nöten sehen, persönlich helfen zu können. Wenn Sie diese Menschen in Ihren offenen Händen Gott hinhalten, dann sind Sie in diesem Augenblick solidarisch mit ihnen. Und Sie vertrauen, dass Gottes heilender und belebender Geist diese Menschen durchdringt und sie aufrichtet.

Eine andere Weise, Ihre Sorge für einen notleidenden Menschen auszudrücken, wäre, für ihn einen Tag lang zu fasten. Wenn das zu schwer für Sie ist, können Sie ja zumindest mal auf eine Mahlzeit verzichten und während dieser Zeit für diesen Menschen beten. In der frühen Kirche war es eine gute Übung, für einen Menschen, dem man nicht mehr selbst helfen konnte, zu fasten. Im Fasten drücke ich meine Ohnmacht aus, aber zugleich das Vertrauen, dass Gott diesem Menschen hilft. Und im Fasten wird meine Fürbitte nicht bloße Worte bleiben, sondern ich werde leibhaft für den anderen beten. Ich spüre ihn den ganzen Tag im Fasten. Ich trage ihn gleichsam den ganzen Tag im Mutterschoß mit mir herum und halte ihn in Gottes Barmherzigkeit hinein.

Sorge für die Kinder

In vielen Seelsorgegesprächen höre ich von der Sorge der Eltern für ihre Kinder. Sie sorgen sich, ob sie einen guten Weg gehen. Sie sorgen sich, dass sie sich im Beruf bewähren, dass sie einen guten Partner/Partnerin finden und dass ihre Partnerschaft gelingt. Sie sorgen sich um ihre Gesundheit, um ihre Ausbildung, um ihre schulischen Leistungen. Dann gibt es die Sorge, dass die Ablösung von den Eltern gelingt und sie ihren Stand im Leben finden, im Beruf, in der Familie.

Es gibt das Sprichwort: »Kleine Kinder – kleine Sorgen. Große Kinder – große Sorgen«. In der Kindheit drückt sich die Sorge bei den Eltern vor allem als Fürsorge für die Kinder aus. Die Eltern sorgen dafür, dass die Kinder genug zum Essen haben und dass sie gesund essen. Sie sorgen sich um ihre Gesundheit, um ihr Wohl. Sie schaffen den Kindern ein Zuhause, in dem sie sich daheim fühlen. Und sie sorgen dafür, dass die Kinder sich gut entwickeln können. Die Sorge wird größer, wenn das Kind krank wird. Mir erzählte ein Kinderarzt, dass manche Eltern in Panik geraten, wenn ein Kind Fieber hat. Und sie beschimpfen dann den Arzt, wenn das Fieber nicht sofort weggeht. Der Arzt behandelt das Kind eher mit sanfter Methode und meint, das Fieber gehe von alleine weg. Und es schade dem Kind nicht. Das sei ein normaler Gesundungsprozess. Doch manche Mütter und Väter können es nicht aushalten. Sie meinen, das Fieber müsse sofort verschwinden. Daher müsse man möglichst starke Medikamente geben. Da spürt man, dass die Sorge für die Kinder nicht mehr das richtige Maß hat. Es ist eine ängstliche Sorge, die sie mit aller Macht bekämpfen wollen, die dann zu übertriebenen Maßnahmen führt. Sie können die Sorge nicht aushalten. Daher muss die Sorge möglichst schnell behoben werden, indem der Anlass der Sorge aufgehoben wird.

Oft tritt die Sorge der Eltern für ihre Kinder aber auch zurück hinter dem Gefühl von Dankbarkeit über die Lebendigkeit und Fröhlichkeit des Kindes. Die Eltern dürfen dankbar beobachten, wie das Kind heranwächst, wie es ein gutes Gespür für andere entwickelt, wie es sich im Kindergarten einlässt auf die Gruppe, und wie es dann in die Schule geht und jeden Tag etwas dazulernt. Aber die ursprünglichen Sorgen brechen immer wieder auf, wenn es in der Entwicklung des Kindes Probleme gibt. Da will ein Kind nicht in den Kindergarten gehen. Es hat Angst, sich von der Mutter zu lösen.

Die Erziehung des »Dritten Reiches«, die leider auch nach 1945 nachgewirkt hat, war geprägt von dem Buch »Die deutsche Mutter und ihr erstes Kind« der NS-Ärztin Dr. Johanna Haarer. In diesem Buch wurde die Mutter dazu angehalten, die Bedürfnisse des Kindes eisern zu überhören und das Kind einer strengen Dressur zu unterziehen. Diese Erziehung achtet nicht auf die Angst des Kindes, sondern setzt einfach durch, dass es gegen alles Schreien in den Kindergarten muss.

Heute drückt sich die Sorge der Mutter für das schreiende Kind anders aus. Die Mutter versucht, mit ihm zu sprechen. Das Kind fühlt sich ernst genommen. Das heißt nicht, dass die

Mutter nun zur Sklavin des Kindes wird. Sie setzt dem Kind in ihrer Sorge auch Grenzen. Aber sie setzt die Grenzen immer in der Hoffnung, dass das Kind daran wächst und reift. Sie gibt dem Kind Mut, über die Schwelle der Angst zu treten, indem sie ihm Hoffnung macht: »Du wirst das schon schaffen.« Schwellenängste gehören zu jedem Menschen, und gerade auch zum Kind. In den Kindergarten zu gehen, sich von der Mutter zu lösen, ist so eine Schwellenangst. Manche meinen, die Kinder bräuchten Psychopharmaka, um diese Angst zu überwinden. Doch damit nehmen wir dem Kind die Möglichkeit, an der Schwellenangst zu reifen, indem es über die Schwelle geht. Ich schaffe dann ein angepasstes Kind. Doch damit sorge ich nicht wirklich für das Kind. Ich überspringe vielmehr meine Sorge mit schnell wirkenden Medikamenten, die aber das Kind auf Dauer an seiner Entfaltung hindern.

Ein Vater kam zu mir, voller Panik, weil sein achtjähriger Sohn sich weigerte, in die Schule zu gehen. Der Vater reagierte ganz aufgeregt und meinte, damit müsse er mit dem Sohn gleich zum Psychologen gehen. Der Vater vermittelte dem Kind das Gefühl, dass es seinen Eltern Sorgen mache, dass es ein Sorgenkind ist. Doch dieses Gefühl hilft dem Kind wenig. Es macht ihm vielmehr ein schlechtes Gewissen, dass es seinen Eltern so viel Sorgen bereite. Dabei wollen Kinder vor allem eines: Ihre Eltern glücklich machen, zumindest sie glücklich sehen. Und der Gang zum Psychologen zeigt, dass ein Kind krank ist, nicht normal.

Eine gesunde Sorge für das Kind drückt sich anders aus: Ich wäre dem Kind voller Hoffnung begegnet. Ich hätte es gefragt: Was macht dir Angst? Was könnte dir helfen, die Angst zu überwinden? Was könnten wir gemeinsam tun, damit es dir wieder gelingt, in die Schule zu gehen? Vermutlich wird das Kind erst einmal die Angst vor einem bestimmten Jungen in der Schule äußern. Der verletzt mich so, der ist so gemein. Und dann könnte ich mit dem Kind darüber sprechen, wie es sich wehren könnte. Und wenn es das Gefühl hat, zu schwach zu sein, dann könnte es sich mit Worten wehren. Welche Worte würden dir helfen? Wir könnten gemeinsam nach Fragen suchen, die er dem anderen stellen könnte. Denn durch eine Frage kann ich den, der mich hänselt oder angreift, verunsichern. Durch die Frage werde ich stärker als er. Die Sorge würde sich also darin ausdrücken, gemeinsam Strategien zu entwickeln, wie das Kind auf die Angst reagieren könnte. Das stärkt sein Selbstbewusstsein.

Heute haben viele Eltern die Angst, dass sie nicht kompetent genug sind, mit den Problemen der Kinder angemessen umzugehen. Sie delegieren ihre Sorge dann sofort an den Arzt oder Psychologen. Natürlich ist es hilfreich, in bestimmten Situationen den Arzt oder Therapeuten zu konsultieren. Aber man sollte die eigene Sorge nicht zu schnell an andere weiterreichen. Für diejenigen, die wir lieben, sind wir zunächst die besten Fürsorger und Versorger. Die Liebe gibt der Sorge oft kreative Lösungen ein, die dann wirksamer sind als die Hilfe von außen.

Die Sorgen um die Kinder nehmen zu, wenn sie in die Pubertät geraten. Dann zeigen die Kinder oft Verhaltensweisen, die den Erwachsenen fremd sind. Sie wechseln zwischen dem Bedürfnis nach Nähe und Distanz. Im einen Moment wollen sie sich an die Mutter kuscheln. Aber schon im nächsten Augenblick wollen sie sich nicht mehr berühren lassen. Sie verschließen sich. Manchmal lassen in der Pubertätskrise auch die Leistungen in der Schule nach. All das macht den Eltern Sorgen. Die Sorge

hat die Aufgabe, dass die Eltern achtsam mit ihren pubertierenden Kindern umgehen. Achtsam heißt aber nicht, die Kinder zu
kontrollieren. Sondern mit wachen Augen zu beobachten, was
im Kind vor sich geht und wo es angebracht ist, es anzusprechen,
und wo es besser ist, es in Ruhe zu lassen, damit der eigene Ent-
wicklungsprozess ungestört geschehen kann. Es braucht viel
Feingefühl und immer auch das, was die geistliche Tradition
»Unterscheidung der Geister« genannt hat, um zu erkennen, was
gerade die richtige Reaktion auf die pubertierenden Kinder und
ihre Probleme ist. Unterscheidung der Geister meint für die
Eltern, dass sie gut unterscheiden können zwischen Reaktionen
des Kindes, die ihm guttun, um das eigene Ich zu entfalten, und
zwischen Reaktionen, die ihm schaden und das eigene Ich eher
zerstören. Und Unterscheidung der Geister bedeutet auch, dass
die Eltern ein gutes Gespür für ihre eigenen Gefühle entwickeln: Wo ist es wichtig, meinen Ärger in eine klare Grenz-
setzung hinein zu verwandeln? Und wo ist es besser, mich von
meinem Ärger zu distanzieren, weil er jetzt nichts mit meinem
Kind zu tun hat, sondern nur meine eigene Empfindlichkeit
oder meine Überreizung anzeigt, die von anderen negativen
Erfahrungen etwa in der Arbeit oder mit Nachbarn herrührt?

Auf jeden Fall soll sich die Sorge auch in der Konfrontation mit
den Kindern ausdrücken. Denn Sorgen heißt nicht nur Fürsorge, sondern auch die Sorge, dass das Kind sich mit der realen
Welt auseinandersetzt und daran reift. Indem die Eltern Grenzen aufzeigen, können die pubertierenden Kinder sich daran
reiben. Die Auseinandersetzung ist nicht immer einfach. Manche Eltern entziehen sich ihrer Sorge. Sie wollen lieber ihre
Ruhe haben und erlauben den Kindern alles, was sie wollen.
Doch das geschieht nicht immer aus Liebe, sondern oft genug

aus Feigheit, weil man den Konflikten aus dem Weg gehen will. Doch dann wird der Konflikt irgendwann immer größer und kaum mehr lösbar. Die Kinder haben aber ein Recht darauf, sich an den Eltern zu reiben. Mutter und Vater sind nicht Freunde der Kinder. Denn die Eltern sucht man sich nicht aus, Freunde aber schon. Dafür sorgen sich Eltern um und für die Kinder auf eine Art, wie es eben nur sie tun.

Wenn die Kinder erwachsen werden, dann können die Eltern nicht mehr so viel tun. Es fühlt sich bisweilen so an, als verlören sie die Kinder. Dann machen sich in ihrem Kopf oft sorgenvolle Gedanken breit. Manchmal führen diese quälenden Sorgen dazu, dass die Eltern sich zu sehr um ihre erwachsenen Kinder sorgen. Manche Söhne und Töchter machen den Eltern den Vorwurf, dass sie sie mit ihrer Sorge nicht freigeben, sondern an sich binden. Sie wehren sich dagegen, wenn die Mutter zu Besuch kommt und meint, sie müsse die Wohnung putzen. Dann fühlt sich die Sorge der Mutter um eine saubere Wohnung eher wie ein Vorwurf an: »Du putzt nicht gut genug.« Oder die Sorge zeigt sich als Kontrolle. Man möchte alles von den erwachsenen Kindern wissen. Man kann es nicht aushalten, dass die verheirateten Kinder ihren eigenen Schutzraum brauchen.

Eine Mutter und Großmutter, der ich von meinem neuen Buch über die Sorge erzählte, schrieb mir einen Brief. Das Thema treibt sie um. Sie schreibt: »Für jemanden zu sorgen ist eine schöne Aufgabe und ein gutes Gefühl, für jemanden da zu sein. Aber mit dieser Sorge kann man auch sehr leicht die Freiheit des Anderen einschränken. Mit einer Überfürsorge kann man dessen Entwicklung behindern und ihn nicht zu eigenen Entscheidungen reifen lassen. Um ein Beispiel zu nennen: Mit meiner

Sorge um die jungen Familien unserer Kinder darf ich nicht in ihr Erziehungskonzept eingreifen, selbst wenn ich sehe, dass es vor den Baum fährt. Wenn ich um meine Meinung gefragt werde, kann ich sie ehrlich und auch kontrovers äußern. Aber das alles darf nicht im Bereich meiner Sorge liegen.«

Aus diesen Überlegungen wird klar, wie es vielen Müttern und Großmüttern geht. Sie sorgen sich um die jungen Familien ihrer Kinder, sie beobachten, wie die jungen Eltern mit ihren eigenen Kindern umgehen. Am liebsten möchten sie ihnen sagen, dass das so nicht geht, dass sie die Kinder anders behandeln müssten. Aber sie trauen sich nicht. Und sie spüren auch, dass sie trotz aller Sorge um das Wohl der Kinder und Enkelkinder nicht eingreifen dürfen. Es ist eine Kunst, der Sorge für die Kinder angemessenen Ausdruck zu geben und zugleich die Sorgen, die entstehen, wenn man die Erziehungsmethoden der Kinder beobachtet, loszulassen und den jungen Eltern zuzutrauen, dass sie selbst lernen. Wenn die Großeltern zu sehr in ihrer Sorge in die Erziehung der Enkelkinder eingreifen, dann schaffen sie nur neue Probleme, dann fühlen sich die jungen Eltern bedrängt und bevormundet.

Meine Schwester erzählte mir von einer Mutter, die ihrem Sohn gegenüber ihre Sorgen äußerte, weil er unbedingt mit einem alten Auto nach Italien fahren wollte. Ihr Sohn sagte zu ihr: »Mutter, du machst mich klein mit deiner Sorge.« Das hat die Mutter sehr getroffen. Als der Sohn dann mit dem Auto unterwegs war, hat sie darüber nachgedacht. Und sie erkannte: Ja, sie wollte nicht, dass der Sohn diese Fahrt machte. Aber sie hat mit ihrer Sorge ihm auch nichts zugetraut. Sie hat ihre Sorge absolut genommen und sich gar nicht in den Sohn hineingedacht. Der Sohn wusste um den Zustand des Autos. Aber er hat es sich zugetraut, mit dem Auto zurechtzukommen. Und er ist auch wieder heil daheim angekommen.

Es gibt andersherum auch erwachsene Kinder, die den Eltern vorwerfen, sie würden sich zu wenig um sie sorgen, sie würden sich nicht für sie interessieren. Eine Mutter erzählte mir, ihre Tochter werfe ihr vor, dass sie überhaupt nicht Anteil an ihrem Leben nehme. Sie würde gar nicht fragen, was sie mache und wie es ihr gehe. Die Tochter warf also der Mutter mangelnde Sorge vor. In Wirklichkeit nahm sich die Mutter zurück, weil sie Angst hatte, die Tochter könne aggressiv reagieren, wenn sie zu viel nachfragt. Sie hatte den Eindruck, dass sie jedes Wort auf die Goldwaage legen müsse, weil es sonst mit der Tochter immer zu Streitgesprächen kam. Es ist also nicht so einfach für die Eltern, das richtige Maß an Sorge und Loslassen zu finden. Es gibt kein objektiv richtiges Maß. Das Maß hängt immer von der konkreten Beziehung zwischen Eltern und Kindern ab und von der jeweiligen Verfasstheit und Empfindlichkeit auf beiden Seiten. Wie ich in der Einleitung meinte: Wir müssen eben versuchen, achtsam und sorgfältig auf die Bedürfnisse der anderen einzugehen.

Viele Ratgeberbücher sagen den Eltern, sie sollen ihre Kinder loslassen. Aber es gibt kein absolutes Loslassen. Als Mutter bleibe ich immer Mutter und als Vater immer Vater. Ich kann in meiner Sorge nur zurückstecken, indem ich mich nicht in ihr Leben einmische, sondern sie selbständig entscheiden und wachsen lasse. Aber die Sorge bleibt trotzdem. Eine Mutter macht sich einfach Sorgen um die Entwicklung des Kindes. Und der Vater macht sich Sorgen, wenn sein Sohn keine Anstalten macht, einen Beruf zu ergreifen. Es ist heute nicht so sehr die

Sorge, dass die Kinder so werden sollen wie die Eltern. Es ist mehr die Sorge, ob ihr Leben überhaupt gelingt, ob sie den Sprung ins Leben schaffen. Und wenn sie ihn geschafft haben, dann sorgt man sich bei jeder Geburt eines Enkelkindes, dass es auch gesund zur Welt kommt. Die Sorgen bleiben. Die Eltern können nur versuchen, die Sorgen nicht sofort in Aktivitäten umzusetzen. Damit würden sie zu sehr in das Leben ihrer erwachsenen Kinder eingreifen. Sie haben die Aufgabe, die Sorgen zu verinnerlichen. Und sie sollen ihre Sorgen auch nicht ständig den Kindern erzählen. Vielmehr gilt es, ihre Sorgen als Einladung zu nehmen, für die Kinder und Enkelkinder zu beten. Das Beten lässt den Kindern und Enkelkindern die Freiheit. Ich übergebe meine Sorge Gott. Und ich bitte Gott, dass er die Kinder und Enkelkinder mit seinem Segen begleitet. Ich schreibe Gott nicht vor, was er den Kindern und Enkelkindern sagen oder zeigen soll. Das Gebet geht immer darum, dass Gott die Kinder mit seinem Segen durchdringe, damit sie in Einklang kommen mit sich selbst und den Weg gehen, der für Sie zum Leben führt.

Ein Vater schrieb mir von der Sorge um seinen Sohn. Er tue mit seinen 18 Jahren gar nichts. Er sitze nur herum und spiele mit allen möglichen Computerspielen. Die Schule habe er abgebrochen, eine Therapie lehne er ab. Als der Vater das zur Bedingung machte, um ihn weiter zu unterstützen, ging er mal zum Therapeuten, meinte aber, der könne ihm nicht helfen, der verstehe ihn nicht. Er wisse selbst, was für ihn gut sei. Der Vater macht sich Sorgen. Aber er spürt in seiner Sorge um seinen Sohn seine Ohnmacht. Er kann ihn nicht zum Leben tragen. Auf der einen Seite neigt er dazu, den Sohn aus dem Haus zu werfen, damit er endlich auf eigenen Füßen steht. Auf der anderen Seite hat er

Angst, dass der Sohn dann ganz und gar scheitert. Es ist nicht so einfach für den Vater, mit seiner Sorge angemessen umzugehen.

So wie diesem Vater geht es heute vielen Menschen. Immer wieder höre ich von der Sorge, dass der Sohn oder die Tochter einfach nicht ins Leben kommt. Entweder ist das Kind depressiv und traut sich nichts zu oder es weigert sich, irgendeinen Beruf zu ergreifen oder eine Ausbildung oder ein Studium abzuschließen. Es übernimmt keine Verantwortung für sein Leben. Das macht den Eltern Sorgen, und in ihrer Sorge erfahren sie sich oft als hilflos. Von außen kann ich da keinen angemessenen Rat geben. Ich kann nur empfehlen, auf der einen Seite die Hoffnung nie aufzugeben, dass der Sohn oder die Tochter ins Leben kommt, auf der anderen Seite aber auch den Sohn oder die Tochter herauszufordern, dass sie ihr Leben selbst in die Hand nehmen.

Eine Mutter erzählte mir von ihrer Tochter, die eine schwierige Beziehung zu ihrem Freund hat, der aus einem anderen Land stammt. Da gibt es nicht nur die Beziehungsprobleme, sondern auch die Frage, wo sie die Beziehung leben können, hier in Deutschland oder im Ausland. Sie erlebte die Tochter völlig niedergeschlagen und hilflos. Das macht ihr natürlich Sorgen. Aber gerade in der Beziehung der Tochter zu ihrem Partner kann die Mutter nicht viel helfen. Sie kann auf keinen Fall reinreden, was für sie stimmt. Sie kann die Tochter nur stützen, mit ihr ins Gespräch kommen, fragen, was ihre tiefsten Gefühle sind. Die Mutter erlebte die Tochter völlig verunsichert. Sie wusste selbst nicht mehr, was sie fühlt, ob sie ihren Freund noch liebt und ob die Beziehung Zukunft hat. Dazu kam die berufliche Unsicherheit. Solche Zerrissenheit der Kinder geht nicht spurlos an den

Eltern vorüber. Sie können nur da sein für die Tochter, mit ihr ins Gespräch kommen, ihr den Rücken stärken. Aber entscheiden über die Partnerschaft und über die berufliche Zukunft muss die Tochter selbst. Wenn die Eltern den »richtigen« Weg vorgeben, wird die Tochter ihnen später den Vorwurf machen, sie seien schuld, dass es nicht geklappt hat. Sie hätten ja zu diesem Beruf, zu dieser Partnerschaft geraten.

In einem anderen Fall hörte ich von einer Mutter, deren jüngste Tochter ständig unzufrieden ist. Sie möchte gerne eine eigene Wohnung und ein Auto haben. Aber ihr Verdienst lässt das nicht zu. Sie macht immer die anderen dafür verantwortlich, dass es ihr nicht gut (genug) geht. Wenn ihr die Mutter in ihrer Sorge eine Frage stellt, dann reagiert sie sehr empfindlich und rastet aus. Auch diese Mutter ist hin- und hergerissen, wie sie ihre Sorge für die Tochter angemessen leben kann. Sie weiß, dass sie als Mutter immer für die Tochter da sein wird. Aber sie kann deren Unzufriedenheit nicht aufheben, indem sie ihr ständig alle Wünsche erfüllt und ihr das Geld gibt, das sie gerne hätte. Sie kann nur hoffen, dass die Tochter sich irgendwann mit der Realität versöhnt und lebbare Wege geht. Die Sorge darf nicht zum ständigen Eingreifen in den Weg der Tochter führen. Aber die Mutter kann die Sorge auch nicht loslassen. Sie kann nur beten, damit die Hoffnung wächst, dass die Tochter ihren Weg findet. Und sie kann im Gebet für die Tochter eine andere Einstellung finden, mit der sie der Tochter dann begegnet. Und diese neue Haltung, mit der sie der Tochter begegnet, kann zur Wandlung beitragen. Manchmal fragen mich die Eltern, wie sie denn oder was sie für die Tochter oder den Sohn beten könnten. Einer Mutter habe ich folgendes Gebet geschrieben: »Barmherziger und guter Gott, du kennst meine Tochter besser als ich.

Halte schützend deine Hand über meine Tochter. Lass deinen Segen um sie sein wie ein schützender Mantel. Durchdringe sie mit deinem Segen, damit sie in Einklang kommt mit sich selbst, damit sie ihre eigenen Fähigkeiten erkennt und entfaltet, anstatt sich ständig mit anderen zu vergleichen. Begleite sie auf ihrem Weg, damit ihr Weg sie in immer größere Lebendigkeit, Freiheit, Liebe und Frieden führen möge. Segne sie, dass sie selbst zum Segen wird für andere Menschen. Amen.«

Eine weitere Sorge, die ich in vielen Seelsorgegesprächen höre, ist die Sorge der Eltern um den Glauben der Kinder. Die Eltern haben ihre Kinder im Glauben erzogen, sie sind mit ihnen in die Kirche gegangen, haben mit ihnen gebetet. Und dann erleben sie, wie die Kinder, sobald sie erwachsen sind, nicht mehr in die Kirche gehen, wie sie sich nicht mehr für den Glauben interessieren. Sie machen sich auf der einen Seite Selbstvorwürfe, dass sie die Kinder falsch erzogen oder den Glauben nicht genügend vorgelebt oder vermittelt haben. Und sie machen sich Sorgen, wie es denn mit ihren Enkelkindern gehen wird, wenn ihre eigenen Kinder den Glauben ablehnen.

Auch hier ist es wichtig, die quälenden Sorgen, die einem den Schlaf rauben, in ein aktives Tun zu verwandeln. Dabei geht es nicht darum, die Kinder zu missionieren oder sie ständig zu ermahnen, sie sollten in die Kirche gehen. Der erste Schritt ist einfach das Gebet für die Kinder und Enkelkinder. Das Gebet gibt den Eltern die Hoffnung, dass ihre religiöse Erziehung nicht umsonst war, dass der Samen, den sie ausgesät haben, irgendwann einmal aufgehen wird. Der zweite Schritt wäre dann, dass die Eltern sich durch die religiöse Distanz der Kinder selbst in Frage stellen lassen: Was bedeutet mir der Glaube? Wie kann ich ihn authentisch leben? Was ist die Quelle, aus der ich lebe? Was nährt mich wirklich? Was bedeutet mir das Gebet, der Gottesdienst? Was bedeuten mir die Feste des Kirchenjahres, die religiösen Rituale? Und der dritte Schritt wäre dann, bei geeigneter Gelegenheit das Gespräch auf den Glauben zu bringen, nicht in missionarischer Absicht, aber doch so, dass die Eltern einfach von ihrem Glauben erzählen, was er ihnen bedeutet und was sie konkret tun. Dann können sie auch vorsichtig die Frage an die Kinder stellen: »Woraus lebst du? Was ist dir wichtig? Was ist dir heilig?« Dann könnte sich ein gutes Gespräch ergeben.

Kinder müssen nicht so denken wie ihre Eltern. Doch für die Eltern ist es wichtig, dass sich die Kinder Gedanken machen und nicht einfach nur einem Trend folgen und den bequemsten Weg gehen. Die Formen, den Glauben auszudrücken, sind heute verschieden von den Formen, die für die Eltern vertraut waren und die sie gestärkt haben. Das müssen die Eltern akzeptieren. Aber wenn sie spüren, dass die Kinder ihren Weg bewusst gehen und die Frage nach Spiritualität nicht ausklammern, dann können sie vertrauen, dass ihre Kinder auch einen spirituellen Weg gehen, auch wenn er anders aussieht, als sie sich das vorgestellt hatten.

Die Sorgen um die religiöse Zukunft der Kinder werden oft dann zum Thema, wenn es um die Frage der Taufe der Enkelkinder geht. Die Eltern spüren, dass ihre Kinder gar nichts unternehmen, die eigenen Kinder – also ihre Enkelkinder – taufen zu lassen. Die Großeltern haben Hemmungen, ihre eigenen Kinder anzusprechen, wann die Taufe sei, oder wenn sie die Taufe ablehnen, warum sie es nicht taufen lassen. Und doch machen sie sich Sorgen und sind oft enttäuscht, dass die Kinder nicht bereit sind, ihre eigenen Kinder taufen zu lassen. Da braucht es

Geduld und zugleich Hoffnung, dass irgendwann doch noch einmal das Bedürfnis wächst, das Kind taufen zu lassen. Manchmal kommt dieses Bedürfnis im Zuge der Erstkommunion, in der dritten oder vierten Klasse. Da möchten die Kinder sich nicht ausgeschlossen fühlen. Es tut den Eltern weh, wenn ihre eigenen Kinder die Taufe ihrer Kinder aggressiv ablehnen und nicht bereit sind, darüber zu sprechen. Manchmal verbieten die verheirateten Söhne und Töchter dann ihren Eltern, mit den Kindern über den Glauben zu sprechen. Aber wenn die Großeltern sich um die Enkelkinder kümmern, dürfen sie sie auch eintauchen lassen in ihre eigene Welt. Und zu dieser Welt gehört der Glaube. Mit den Kindern zu beten darf man sich von niemandem verbieten lassen. Wenn Tischgebet im Haus der Großeltern üblich ist, dann darf man sich nicht verbiegen lassen. Dort, wo ich zuhause bin, darf ich auch das Ritual der Mahlzeit bestimmen. Schließlich sind die Kinder und Enkelkinder meine Gäste, die ich in meine Welt eintauchen lasse.

Im Alten Testament gibt es die Geschichte von Tobit, der seinen Sohn Tobias zu einem Verwandten schickt, um das dort hinterlegte Geld abzuholen. Seine Frau macht ihrem Mann heftige Vorwürfe, dass er seinen Sohn auf die Reise schickt. Sie macht sich Sorgen, ob er wohl gesund zurückkehrt: »Warum hast du unseren Sohn weggeschickt? War er nicht die Stütze unseres Alters, als er noch bei uns ein- und ausging?« (Tob 5,18) Doch Tobit antwortet seiner Frau: »Mach dir keine Sorgen, Schwester, er wird gesund zurückkommen, und du wirst ihn wiedersehen. Denn ein guter Engel begleitet ihn, und seine Reise wird ein gutes Ende nehmen.« (Tob 5,21f)

Es gibt Eltern, die sich bei jeder Reise ihrer Kinder große Sorgen machen. Während die Kinder weg sind, grübeln die

Eltern nach, was wohl geschehen könnte. Hier sind es oft die Mütter, die sich große Sorgen machen, ähnlich wie bei Tobit. Aber es gibt auch Väter, die sich Sorgen machen, dass den Kindern Schaden widerfahren könnte. Manchmal sind die Sorgen um die Kinder dabei auch die Sorgen um sich selbst. Denn die Mutter macht sich auch darum Sorgen, wer im Alter ihre Stütze sein könnte, wenn der Sohn nicht mehr da ist. Die Sorge um den Sohn ist also auch die Sorge um die eigene Zukunft. Im Buch Tobias ist es der Engel Raphael, der die Beziehung zwischen Mann und Frau und die Beziehung zwischen Vater und Sohn heilt. Der Engel befreit die Braut des jungen Tobias von ihrem männermordenden Dämon. Das klingt für uns etwas fremd. Doch es gibt auch heute solche männermordenden oder auch frauenmordenden Dämonen. Wenn die junge Frau noch zu sehr an den Vater gebunden ist, hat der Mann neben ihr keine Chance. Die zu starke Vaterbindung ist wie ein Dämon, der den Bräutigam mordet. Und wenn der Mann zu sehr an die Mutter gebunden ist, ist das auch ein Dämon, der die Frau nicht zum Leben kommen lässt. Wir brauchen da einen Engel, der uns von diesen Dämonen befreit und uns befähigt, uns ganz auf den anderen einzulassen.

Raphael heilt aber auch die Beziehung von Vater und Sohn. Der Vater macht sich zu viele Sorgen um seinen Sohn. Er möchte den Sohn an sich binden. Doch der Engel zeigt ihm einen Weg, wie er sich aus dieser Bindung lösen kann. Er lädt ihn ein, die Galle des Fisches, der ihn anspringt, herauszuschneiden und aufzubewahren. Als der Sohn nach Hause kommt und dem blinden Vater begegnet, schüttet er ihm die Galle in die Augen. Dann reibt der Vater seine Augen, weil sie schmerzen. Und davon werden sie wieder sehend. Dann umarmt der Sohn den

Vater. Galle ist ein Bild für Aggression. Der Sohn muss sich erst von der zu engen Bindung mit dem Vater durch Aggression lösen, um dann eine neue Beziehung zu ihm aufzubauen. Dann kann er ihn auch umarmen und gut mit ihm leben. Diese Ablösung des Sohnes vom Vater macht den blinden Vater wieder sehend. Bisher hat er den Sohn nicht richtig gesehen. Er hat ihn nur als seinen Sohn gesehen, der das Bild erfüllt, das er sich von ihm gemacht hat. Jetzt aber öffnet der Sohn dem Vater die Augen, dass der Sohn erwachsen und selbständig geworden ist und seinen eigenen Weg geht. Der Vater kann nun vertrauen. Er hat erkannt, dass ein Engel den Sohn begleitet und schützt. Der Engel Raphael schützt nicht nur den Sohn, er hilft auch den Eltern, in ihrer Sorge nicht aufzugehen, sondern bei aller Sorge zu hoffen, dass ihre Kinder einen guten Weg und auch den richtigen Partner finden werden.

Auch in unserer heutigen Zeit tut es den Eltern gut darauf zu vertrauen, dass ein Engel ihre Kinder begleitet. Die Kinder sind nicht allein gelassen. Ein Engel geht mit ihnen, er geht alle ihre Wege mit, auch ihre Umwege und Irrwege. Die Eltern dürfen darauf vertrauen, dass der Engel sie durch Umwege hindurch doch auf den Weg führen wird, der für sie stimmt. Und sie dürfen darauf bauen, dass der Engel die Kinder bewahren wird vor zu großen Gefahren und dass ihr innerster Kern nicht verletzt werden kann, weil der Engel ihn schützt. Der Engel wird den Sohn oder die Tochter nicht vor jedem Umweg oder Irrweg bewahren, aber er wird auf allen Wegen, auch auf den Irrwegen, das innere Selbst der Kinder schützen. Dem innersten Selbst kann nichts Schädliches widerfahren, weil der Engel dieses Innere schützt.

Im Buch Jesus Sirach, in dem ein Weiser die Weisheit Israels mit griechischer Weisheit zu verbinden sucht, gibt es einen Abschnitt über die Sorgen des Vaters um seine Tochter. Da heißt es: »Eine Tochter ist für den Vater ein Schatz, den er hütet, die Sorge um sie nimmt ihm den Schlaf: in ihrer Jugend, dass sie nicht verschmäht wird, nach der Heirat, dass sie nicht verstoßen wird, als Mädchen, dass sie nicht verführt wird, bei ihrem Gatten, dass sie nicht untreu wird, im Haus ihres Vaters, dass sie nicht schwanger wird, im Haus ihres Gatten, dass sie nicht kinderlos bleibt.« (Sir 42,9 f) Die Sorgen der Väter um ihre Töchter dürften heute ähnlich ausfallen. Immer macht sich der Vater Sorgen, dass die Tochter so lebt, dass es ihr guttut. Dass sie glücklich verheiratet ist, dass sie nicht von anderen ausgenutzt oder schlecht behandelt wird.

Doch bei aller Ähnlichkeit gibt es heute auch andere Sorgen der Väter um ihre Töchter. In Gesprächen höre ich von der Sorge, ob die Tochter depressiv ist, dass sie sich isoliert. Es ist die Sorge, dass sie das Leben nicht schafft. Oder es ist die Sorge um die magersüchtige Tochter. Alle Therapien haben bisher nicht geholfen. Die Väter wissen oft: Je ängstlicher sie sich um die magersüchtige Tochter sorgen, desto weniger hilfreich ist es für die Tochter. Die Tochter bräuchte vielmehr die Hoffnung und das Vertrauen des Vaters. Sie bräuchte das Gefühl, dass der Vater ihr zutraut, dass sie mit ihrer Krankheit umgeht und aus ihr wieder herauskommt. Wenn sich der Vater zu viele Sorgen macht, verstärkt das oft die Krankheit. Natürlich ist das andere Extrem genauso schädlich: Der Vater fühlt sich hilflos und weigert sich, die Krankheit seiner Tochter überhaupt wahrzunehmen. Er lässt sie mit ihrer Krankheit allein, weil er sich nicht verunsichern lassen möchte. Auch hier braucht es die Gabe der Unterscheidung der Geister: Wo zeige ich der Tochter, dass ich immer für sie da bin, dass sie jederzeit zu mir kommen kann mit allen Problemen, dass ich sie so annehme, wie sie ist, ohne sie zu bewerten? Und wo lasse ich sie allein ihren Weg gehen, nicht weil mich ihr Weg nicht interessiert, sondern weil ich vertraue, dass sie ihren Weg selbst finden wird?

Die Sorge ist Ausdruck der elterlichen Liebe. Wenn die Eltern sich gar keine Sorgen um ihre Kinder machen würden, wäre das ein Zeichen von Desinteresse. Wer seine Kinder liebt, der sorgt sich um sie. Diese Sorge kann sich positiv ausdrücken, indem die Eltern dafür sorgen, dass der Sohn oder die Tochter studieren kann, dass sie die Ausbildung machen können, die ihrem Wesen entspricht. Sie sorgen sich um die Gesundheit der Kinder, um ihre Ausbildung, um ihre Entwicklung und dann später, dass sie glücklich verheiratet sind und sich an Kindern freuen dürfen. Die Sorgen können in ein fürsorgliches Tun einfließen. Sie können aber auch zu Kummer und Gram werden, wenn sich die Eltern in ihren Gedanken ständig Sorgen um die Kinder machen und gar nicht loskommen von den sorgenvollen Gedanken. In diese Situation hinein fordert uns Jesus auf, zu vertrauen anstatt uns mit Sorgen zu peinigen. Die Sorge soll sich in vertrauensvolle Hoffnung verwandeln, dass die Kinder ihren Weg finden und dass Gottes Segen sie immer begleitet.

Die Eltern werden also die Sorge für die Kinder nie ganz loslassen können. Das ist auch nicht notwendig. Aber es ist ihre Aufgabe, die ängstliche und quälende Sorge in eine liebende Sorge, in Fürsorge, in Liebe zu verwandeln. Allerdings wird sich auch diese Fürsorge mit dem Alter der Kinder ändern. Wenn Eltern ihren erwachsenen Kindern gegenüber allzu fürsorglich sind, dann erleben die Kinder das oft als Grenzverletzung. Sie wollen für sich selber sorgen. Sie wollen nicht ewig Kinder bleiben. Doch wenn sie Hilfe brauchen, wenn sie selbst in Not kommen, dann sind sie dankbar für die Sorge der Eltern, dann können sie auf ihre Fürsorge bauen.

Die Sorge soll sich mit dem Älterwerden der Kinder immer mehr in Liebe verwandeln, aber nicht in eine vereinnahmende Liebe, sondern in eine Liebe, die frei lässt. Natürlich ist diese Liebe immer von der Sorge geprägt, dass die Beziehung zu den Kindern gut bleibt, dass sie nicht zu kompliziert wird. Die Eltern möchten die Kinder so lieben, dass es ihnen gut tut. Sie möchten sie nicht an sich fesseln. Aber die Kinder sollen immer wissen, dass die Eltern sie lieben. Das soll wie ein Grund sein, auf dem sie ihr Leben aufbauen. Und diese Liebe wird sich immer wieder auch in konkreter Hilfe ausdrücken.

Auf den Prüfstand gerät die Liebe der Eltern, wenn die Kinder auf einmal erklären, dass sie keinen Kontakt mehr zu den Eltern wollen. In den letzten Jahren höre ich immer wieder von dieser schmerzlichen Erfahrung vieler Eltern. Oft geschieht dieser Bruch der Kinder mit den Eltern zwischen dem dreißigsten und vierzigsten Lebensjahr. Und oft hat auch die Partnerschaft darauf einen Einfluss. Eine Tochter oder ein Sohn hat den Kontakt zu den Eltern abgebrochen. Sie schicken die Briefe ungeöffnet zurück. Auf Geschenke wird nicht reagiert. Die Handynummer wird ständig gewechselt. Die Eltern machen sich Sorgen. Haben sie etwas falsch gemacht in der Erziehung? Was ist da schiefgelaufen? Oder ist die Tochter in eine Abhängigkeit von ihrem Mann geraten und traut sich nicht, gegen den Mann den Kontakt aufrecht zu erhalten? Tut es der Tochter wirklich gut, wenn sie den Kontakt abbricht? Oder schneidet sie ihre eigenen Wurzeln ab? Natürlich kann es manchmal gut sein, wenn die Kinder den Kontakt zu den Eltern reduzieren, um mehr Distanz zu gewinnen. Das ist manchmal eine Hilfe, aus einer zu großen Abhängigkeit herauszukommen. Manchmal ist es auch notwendig, damit die Beziehung zwischen Eltern und Kindern auf eine neue Basis gestellt werden kann. Aber oft verstehen die Eltern die Gründe einfach nicht. Sie machen sich Sorgen, was in die Tochter, was in den Sohn gefahren sein könnte, dass sie so reagieren. Es sind leidvolle Erfahrungen, die die Eltern dann mit ihren Kindern machen. Und in diesem Leid können sie die Sorge nicht einfach verdrängen. Sie kommt hoch, ob sie wollen oder nicht.

Es ist dann nicht nur die Sorge um die eigenen Kinder, sondern auch um die Enkelkinder. Denn häufig verweigern dann die Kinder ihren Eltern, dass sie ihre Enkelkinder sehen. Die Großeltern machen sich Sorgen um ihre Enkelkinder. Sie lieben sie und möchten ihnen ihre Liebe zeigen. Aber sie dürfen nicht. Eine Großmutter erzählte mir, ihr zehnjähriges Enkelkind, das von seiner Mutter (der Tochter der Großmutter) und ihrem Vater gegenüber den Großeltern total abgeschirmt wird, habe dem Großvater eine WhatsApp-Nachricht geschickt. Es hat sich also gegen den Willen des Vaters durchgesetzt. Doch sofort rief der Vater an und verbot dem Großvater, darauf zu antworten. Es ist oft unermessliches Leid, das solche harten Eltern ihren eigenen Eltern antun. Die Enkelkinder den Großeltern zu verweigern, ist ein aggressiver Akt. Die Großeltern machen sich natürlich Gedanken, was sie alles verkehrt gemacht haben. Aber wenn die Tochter über dreißig Jahre alt ist, dann ist sie selbst verantwortlich für ihr Leben. Dann wäre es ihre Aufgabe, sich mit ihrer Lebensgeschichte auszusöhnen und das Beste daraus zu machen. Die Verantwortung weiterhin den Eltern anzulasten, ist ein Zeichen von Unreife. Und so eine Frau schneidet ihre eigenen Wurzeln ab und schadet sich damit selbst und ihren eigenen Kindern. Das bereitet den Großeltern Sorge.

Wie sollen die Großeltern mit ihrer Sorge umgehen? Zunächst sollen sie betrauern, dass die Situation so ist, wie sie ist. Das Betrauern führt sie in den eigenen Grund der Seele. Dort befreien sie sich von der Macht der Tochter, die den Kontakt verweigert. Dort kommen sie mit der eigenen Kraft und ihrer Identität in Berührung. Der zweite Schritt wäre dann, die Sorge in Hoffnung zu verwandeln. Nämlich in die Hoffnung, dass die Tochter, dass der Sohn ganz zu sich finden, dass sie sich mit ihrer eigenen Lebensgeschichte aussöhnen und irgendwann wieder ein normaler Kontakt möglich sein wird. Das Gebet könnte dabei helfen, die Hoffnung nicht zu verlieren, sondern weiter zu hoffen, dass durch die Distanz hindurch wieder eine neue Nähe möglich sein wird.

Es gibt aber nicht nur die Kinder, die keinen Kontakt mehr zu den Eltern wollen. Es gibt auch Eltern, die ihre Kinder verlassen. Bei vielen Scheidungen fühlen sich die Kinder von den Eltern verlassen. Selbst wenn die Eltern weiter gemeinsam für die Kinder sorgen, fühlen sich die Kinder im Stich gelassen. Die Eltern haben ihnen ein Stück Heimat genommen. Manchmal aber verlässt der Vater oder auch die Mutter die Kinder, ohne weiter für sie zu sorgen. Sie sorgen sich nur für die eigene Zukunft. Die neue Partnerin oder der neue Partner sind wichtiger als die Kinder. Das hinterlässt in den Kindern das Gefühl, dem Vater nichts wert zu sein. In ihnen tauchen dann Gedanken auf wie: Die Liebe, die er mir als kleines Kind gezeigt hat, war nicht echt. Er wollte nur mit einem Kind angeben. Doch er hat keine

Verantwortung für mich übernommen. Er hat mich fallen gelassen. Er verleugnet mich als sein Kind. Das tut weh.

Manchmal laden die Eltern ihren Kindern die Sorge um sie selber auf. Ein Mann erzählte mir von seinen Eltern, die seit seinem sechsten Lebensjahr in einer schwierigen Beziehung lebten. Der Vater erzählte seinem kleinen Sohn ständig, wie schwierig seine Frau sei, wie er mit ihr einfach nicht leben könne. Der Vater hat seine Sorge für den Sohn völlig vergessen. Er benutzt den Sohn für seine eigenen Bedürfnisse. Der Sohn war völlig verwirrt. Der Vater hat ihm gleichsam die Mutter genommen. Es ist natürlich, dass der Sohn sich zur Mutter hingezogen fühlt. Wenn der Vater jetzt die Mutter schlechtmacht, kann der Sohn seinen Gefühlen nicht mehr trauen. Und er wurde in seinem eigenen Bedürfnis, sich an den Vater anlehnen zu können, nicht wahrgenommen. Er sollte Stütze für den Vater sein. Der Vater hat also die Beziehung zum Sohn völlig umgedreht und damit den Sohn tief verletzt. Noch heute kann der Sohn als Erwachsener seinen Gefühlen oft nicht trauen. Der Vater, der die Sorge um ihn verweigert und ihm seine eigenen Sorgen aufgebürdet hat, hat ihm seine Kindheit genommen und ihm eine Last auferlegt, an der der Sohn heute noch zu tragen hat.

Mir steht kein Urteil zu, wenn Paare sich scheiden. Manchmal gibt es keinen anderen Ausweg, um eine vergiftete Beziehung aufzulösen. Aber bei jeder Entscheidung für einen neuen Weg muss die Sorge um die Kinder eine große Rolle spielen. Ich kenne Scheidungen, bei denen die Sorge um die Kinder weiterhin gut vom Vater und von der Mutter ernst genommen wird. Dann fühlen sich die Kinder nicht allein gelassen. Sie spüren weiter, dass Vater und Mutter für sie sorgen. Sie können nur nicht mehr miteinander leben. Aber es gibt auch Väter und Mütter, die ihre Kinder verlassen und sich dabei nicht mehr um die Sorge für sie kümmern. Das tut den Kindern weh. Sie brauchen dann oft in der Seelsorge oder in der Therapie andere Menschen, die sie gleichsam »nachbeeltern«. Sie brauchen das Gefühl, dass sich jemand um sie sorgt und dass sie sich begleitet wissen auf ihrem Weg.

Ritual

Eine gute Hilfe, die Sorge für die Kinder zum Ausdruck zu bringen und sich zugleich von quälenden Sorgen zu befreien, wäre das morgendliche Segensritual. Stellen Sie sich aufrecht hin und erheben die Hände zum Segen. Dann stellen Sie sich vor, wie durch Ihre Hände Gottes Segen zu dem Sohn oder der Tochter strömt. Mit dem Segen Gottes verbinden Sie Ihr eigenes Wohlwollen, Ihre Sorge und Liebe. Der Segen Gottes möge das Kind durchdringen, damit es mit sich in Frieden kommt.

Der Segen will das Kind nicht verändern, sondern er ist der Wunsch, dass das Kind frei wird von allen inneren Zwängen und von allem, was es am Leben hindert, und dass es mehr und mehr zu seinem eigenen Wesen, zu seinem wahren Selbst findet. Und stellen Sie sich vor, dass Gottes Segen und Ihr Wohlwollen das Kind wie ein schützender und wärmender Mantel einhüllt, dass es sich geliebt und geborgen, geschützt und behütet fühlt. Bleiben Sie auf diese Weise fünf Minuten stehen und lassen den Segen Gottes und Ihre eigene Liebe zu jedem Ihrer Kinder strömen. Dann werden Sie auf der einen Seite eine tiefe Verbindung zu ihnen spüren, auf der anderen

Seite aber können Sie das Kind auch loslassen, weil Sie es Gottes Segen anvertrauen.

Der Segen befreit Sie auch von dem ständigen Kreisen um die Frage, was Sie in der Erziehung falsch gemacht haben. Sie hören dann auf zu fragen: Hätte ich mich doch meinem Kind gegenüber anders verhalten, wäre ich doch freundlicher und achtsamer beim Gespräch gewesen. Was vergangen ist, ist vergangen. Das können Sie nicht mehr ändern. Es ist, wie es ist. Der Segen verwandelt auch Ihre Sorge. Sie vertrauen darauf, dass Ihr Kind heute seinen Weg unter dem Segen Gottes geht und dass der Segen Gottes das Kind verwandelt. Und wenn Sie sich Sorgen machen, weil Ihr Sohn oder Ihre Tochter einen Fehler gemacht hat oder gerade in einer existenziellen Not ist, dann vertrauen Sie darauf, dass Gottes Segen auch den Fehler noch in Segen verwandeln kann.

Sorge für die Eltern

Neulich erzählte mir eine Frau, deren Eltern alt und gebrechlich sind, von der Einstellung ihrer Schwester Vater und Mutter gegenüber. Sie sagte, sie hätte sich bei einem Rechtsanwalt erkundigt, sie sei nicht verpflichtet, für ihre Eltern zu sorgen. Die Frau war über ihre Schwester entsetzt. Da war überhaupt kein Gefühl von Sorge und Verantwortung für die Eltern da. Dabei gehört die Sorge der Kinder für ihre Eltern doch wesentlich zum Menschen.

Das vierte Gebot »Du sollst Vater und Mutter ehren« sollte den Israeliten vor allem einschärfen, für ihre alten Eltern da zu sein. In Israel war das zu dieser Zeit durchaus nicht selbstverständlich. Oft kam es zu Situationen, in denen sich die alten Eltern nicht mehr alleine in ihrem Lebenskampf behaupten konnten. Deshalb wollte Gott für die alten Eltern sorgen. Er wollte, dass die alten Eltern weiterhin in Würde leben konnten. Offensichtlich musste das auch in Israel immer wieder gesagt werden. Gott musste für die alten Eltern Partei ergreifen, vor allem dann, wenn sie für sich selbst nicht mehr eintreten konnten. Er wollte sie der Willkür der nachwachsenden Generation entreißen. Die Eltern ehren heißt im vierten Gebot vor allem: Für die Eltern sorgen, dass sie menschenwürdig und in Freiheit leben können.

Das vierte Gebot begründet das Ehren der Eltern mit einer Segensverheißung: »damit du lange lebst in dem Land, das der Herr, dein Gott, dir gibt!«, heißt es da. Wenn die Kinder die Eltern nicht mehr ehren und nichts mehr von ihnen halten, schneiden sie sich von der Wurzel ab, die sie erdet. Ohne Wurzel verlieren sie aber die Bodenhaftung, sie können selbst auch nicht aufblühen. Ohne Achtung der elterlichen Erfahrungen und Weisheit werden die Söhne und Töchter nicht mehr getragen von ihren Vorfahren. Und so werden sie leicht zum Spielball jeder Modeströmung. Die Eltern zu ehren heißt, an ihrer Weisheit und ihrer Erfahrung Anteil zu haben. Und es heißt, die Wurzel des eigenen Daseins zu achten. Das Ehren der Eltern hängt immer auch mit der eigenen Selbstachtung zusammen.

Das haben Autoren der holländischen Fernsehserie über die zehn Gebote verstanden. Sie deuteten das vierte Gebot mit dem Wort »Ich respektiere meine Herkunft«. Die Eltern ehren bedeutet, dankbar zu sein für die, die uns geboren und erzogen haben, dankbar zu sein für unsere Herkunft. Wer seine Herkunft nicht respektiert, der verachtet letztlich sich selbst. Und er bleibt wurzellos. Er lebt nur im Augenblick. Aber er weiß nicht, woher er kommt und wohin er geht. Respekt kommt von »respicere = zurückschauen, Rücksicht nehmen«. Ich kann nur nach vorne schauen, wenn ich auch zurückschaue und erkenne, woher ich komme. Ich komme nur weiter, wenn ich Rücksicht nehme auf den Weg, den ich bisher gegangen bin. Für meine Herkunft stehen meine Eltern. Ich nehme Rücksicht auf sie. Ich schaue sie immer wieder an, um zu erkennen, wer ich selbst bin. Ohne diesen Respekt, ohne das Zurückschauen auf die Eltern und ihre Werte verlieren wir den Blick für das Wesentliche. Die Bibel meint, ohne Respekt gelingt unser Leben nicht.

Natürlich gilt es auch bei der Sorge für die Eltern das richtige Maß zu finden. Da gibt es Kinder, die schon in jungen Jahren für ihre Eltern sorgen müssen, weil die Eltern ständig krank sind, oder weil sie sich als bedürftig zeigen. Wenn die Tochter oder der Sohn schon in der Kindheit für die Eltern sorgen muss, dann kehrt sich die Sorge um. Die Kinder überspringen ihre Kindheit. Sie dürfen nicht Kind sein. Das geschieht zum Beispiel, wenn die Ehe der Eltern nicht gut ist, wenn die Mutter sich gegenüber dem Vater nicht behaupten kann, wenn sie sich ständig von ihm verletzen lässt. Dann sucht sie Hilfe bei den Kindern. Doch damit überfordert sie die Kinder. Oder wenn eines der Elternteile depressiv ist, dann müssen die Kinder oft schon früh Verantwortung für sie übernehmen. Eine Frau erzählte mir, dass ihr Vater immer schon krank und depressiv war. Die Kinder mussten der Mutter bei der Arbeit auf dem Hof helfen. Doch daheim tyrannisierte der Vater die Familie. Hier kehrt sich die Sorge um und führt dann dazu, dass sich die Kinder als Erwachsene überverantwortlich fühlen für andere, dass sie sich mit ihrer Sorge für andere übernehmen. Die Sorge wird so sehr ihr Lebensthema, dass sie sich immer um jemanden sorgen müssen. Sonst würden sie sich selbst gar nicht wahrnehmen. Doch dann kommt die Sorge für sich selbst zu kurz. Und irgendwann sind diese Menschen dann leer und ausgebrannt. Sie können nicht anders als für andere zu sorgen. Aber ihre Sorge macht ihnen keine Freude.

Die Sorge für die Eltern beginnt normalerweise bei den Kindern, wenn die Eltern wirklich hilfsbedürftig sind. Wenn sie älter geworden sind, wenn sie sich in vielen Dingen nicht mehr selbst helfen können. Dabei sollten die Söhne und Töchter darauf achten, dass sie die Eltern nicht herabsetzen. Der Weise

Jesus Sirach fordert die Söhne und Töchter auf, die Eltern zu ehren. Denn das wird sich als Segen für sie selbst erweisen: »Wer den Vater ehrt, wird Freude haben an den eigenen Kindern, und wenn er betet, wird er Erhörung finden. Wer den Vater achtet, wird lange leben, und wer seiner Mutter Ehre erweist, erweist sie dem Herrn.« (Sir 3,5f) Wer eine gute Beziehung zum Vater hat, der wird auch Freude an den eigenen Kindern haben. Die Kinder spüren, wie ihr Vater zu seinem Vater steht. Wenn der Vater seinen eigenen Vater nicht ehrt, werden auch die Kinder die Achtung vor ihrem Vater verlieren. Und Jesus Sirach verbindet die Ehre der Mutter gegenüber mit der Ehre Gott gegenüber. Die Beziehung zur Mutter wird zum Bild für die Beziehung zu Gott. Der Mutter Ehre zu erweisen, heißt: Gott selbst ehren, der mir das Leben aus dieser Mutter geschenkt hat.

Das Ehren der Eltern zeigt sich vor allem dann, wenn die Kräfte der Eltern nachlassen, wenn sie viel vergessen oder wenn sie gar dement werden. Jesus Sirach fordert daher den Sohn auf: »Mein Sohn, wenn dein Vater alt ist, nimm dich seiner an, und betrübe ihn nicht, solange er lebt. Wenn sein Verstand abnimmt, sieh es ihm nach, und beschäme ihn nicht in deiner Vollkraft.« (Sir 3,12f) Es ist nicht so leicht für die Kinder, den Vater zu achten, wenn er sein Leben nicht mehr in der Hand hat, wenn ihm die Disziplin, die er gepredigt und auch selbst gelebt hat, verlorengeht, wenn er viel vergisst oder gar dement wird. Aber gerade dann zeigt sich, wie weit die Kinder ihren Vater oder ihre Mutter ehren und für sie sorgen. Jesus Sirach verlangt nicht nur Achtung und Nachsicht dem dementen Vater gegenüber, sondern auch, dass man ihn nicht beschämt mit der eigenen Vollkraft. Was ist damit gemeint? Der Sohn, der nun stärker geworden ist als der Vater, ist in Gefahr, dem Vater gegenüber zu zeigen, dass er nun das Heft in der Hand hat, dass der Vater nichts mehr zu sagen hat. Der Sohn zeigt dem Vater seine Kraft und demütigt ihn damit. Denn je mehr der Sohn seine Kraft zeigt, desto mehr erkennt der Vater voller Schmerz, wie schwach er geworden ist. Besonders einen alt oder gar dement gewordenen Vater zu ehren, fällt dem Sohn, der gerade in seiner vollen Kraft steht, nicht so leicht. Aber gerade dazu will Jesus Sirach den Sohn auffordern.

Es ist für die Kinder nicht leicht, das richtige Maß für ihre Sorge zu finden. Wenn sie sich überverantwortlich für ihre Eltern fühlen, dann kommen sie nie zur Ruhe. Sorgen heißt nicht, dass man den Eltern alles abnimmt. Manchmal versuchen die alten Eltern den Kindern ein schlechtes Gewissen einzuimpfen, weil sie nicht genügend für sie sorgen würden. Mit einem schlechten Gewissen versucht man die Kinder zu erpressen. Denn keiner kann sich gegen das schlechte Gewissen völlig schützen. Die Kinder sollen ihre Sorge und Verantwortung für die Eltern sehen und dann in aller Freiheit beschließen, wie sie diese Sorge so verwirklichen können, dass das eigene Leben mit der eigenen – jungen – Familie keinen Schaden nimmt. Im Einzelfall ist es oft nicht leicht, hier die richtige Entscheidung zu treffen.

Das ist vor allem dann schwierig, wenn ein Vater seine Verantwortung und Sorge für die Kinder nie wahrgenommen hat. Er hat die Familie verlassen und sich nie um die Kinder gekümmert. Aber die rechtliche Situation in Deutschland ist so, dass selbst dann die Kinder für den Vater im Alter sorgen müssen. Sie müssen unter Umständen sogar für seinen Aufenthalt im Pflegeheim aufkommen. Das kann an die Substanz gehen. Und vor allem scheint hier die Sorge völlig verkehrt worden zu sein. Der Vater, der sich nie um die Kinder gesorgt hat, verlangt jetzt, dass sich die Kinder um ihn sorgen. Das ist bitter und wirkt wie eine späte Abrechnung. Er hat sich nie um die Kinder gekümmert. Und die Kinder konnten nie eine Beziehung zu ihm aufbauen. Aber jetzt zeigt er im Alter noch einmal seine zerstörerische Aggression, indem er den Kindern, für die er nie gesorgt hat, finanziell großen Schaden zufügt. Und natürlich ist es für die Kinder auch emotional kaum möglich, diese finanzielle Verpflichtung aus einer guten und liebevollen Sorge heraus zu erfüllen.

Zur Sorge für die Eltern gehört es nicht, dass ich ihnen das Gefühl der Einsamkeit erspare. Sich mit der eigenen Einsamkeit auseinanderzusetzen, gehört wesentlich zum Alter. Wenn die Eltern – oder häufig ein Elternteil, wenn der andere gestorben ist – nicht allein sein können und ständig die Kinder um sich brauchen, dann überfordern sie die Kinder. Und es tut ihnen selbst nicht gut. Sie müssen sich der Trauer über die eigene Einsamkeit stellen und durch die Trauer in den inneren Grund ihrer Seele gelangen, in dem sie mit allen Menschen eins sind. Dort wird das Alleinsein in ein All-Eins-Sein verwandelt. Manchmal fordert die Mutter, deren Mann gestorben ist, ihre Kinder auf, sie ständig zu besuchen. Sie fühlt sich so einsam. Aber sie unternimmt auch keine Schritte, in ihrer Umgebung Kontakt zu anderen älteren Menschen zu knüpfen. Die Kinder müssen dafür sorgen, dass sie sich nicht einsam fühlt. Solche Erwartungen erzeugen in den Kindern oft ein schlechtes Gewissen. Auch da ist es wichtig, die Verantwortung für die Mutter nicht einfach abzulehnen, aber auch in aller Freiheit zu entscheiden, wie man als Tochter oder Sohn diese Verantwortung konkret leben kann.

Auf keinen Fall können sie alle Wünsche der Mutter erfüllen. Dann würde die Sorge um die Mutter sie überfordern. Und die Sorge für die Mutter würde die Sorge für die eigene Familie behindern.

Eine Frau erzählte mir von ihrem Vater, dessen Frau gestorben ist. Er verlangt, dass die Tochter gleichsam Ersatz für seine Frau wird. Aber damit überfordert er die Tochter, vor allem deswegen, da sie selbst Familie hat. Die Tochter kann den Vater besuchen, aber sie muss ihm auch zutrauen, dass er mit seiner Einsamkeit umgeht. Er soll selbst überlegen, was er für sich tun kann, wie er die Kontakte zu Menschen in seiner Umgebung pflegen kann. Und in der Trauerarbeit geht es darum, eine neue innere Beziehung zur verstorbenen Frau aufzubauen. Wenn er seine eigene Tochter als Ersatzfrau nimmt, dann verweigert er den notwendigen Reifungsschritt, die Trauer in Dankbarkeit für seine Frau zu verwandeln und die verstorbene Frau als innere Begleiterin erfahren zu können.

Die Tochter kann dem Vater die Trauer nicht ersparen. Die Trauer ist auch eine Fähigkeit, die Gott uns geschenkt hat, um den Verlust eines lieben Menschen zu verarbeiten. Die Trauer möchte uns zu einer neuen Beziehung zum Verstorbenen führen, dass wir die Botschaft verstehen, die er uns hinterlassen hat. Und das Ziel der Trauer ist, eine neue Beziehung zu uns selbst zu entfalten: Wer bin ich ohne meinen Mann, ohne meine Frau? Welche Spur möchte ich nun eingraben in diese Welt? Was hat Gott mir geschenkt, damit ich es weiter an die Menschen schenken kann? Wenn ich diesen Schritt der Trauer nicht vollziehe, bleibe ich im Selbstmitleid stecken. Doch das führt nicht zur Reife, sondern nur zu einem unfruchtbaren Kreisen um mich selbst.

Eine andere Frau erzählte mir, dass sie den Vater ihres Mannes pflegen muss. Er ist sehr rechthaberisch und nimmt keine Rücksicht auf die Grenzen seiner Schwiegertochter, er überschreitet ständig Grenzen. Und er ist unzufrieden und kritisiert ständig alles, was die Schwiegertochter für ihn tut. Es ist nicht leicht, für den Schwiegervater zu sorgen, wenn er die Sorge nicht schätzt, sondern die sorgende Frau immer wieder verletzt. Ich habe der Frau geraten, sie soll einfach dabei zuschauen, welches Theater der Schwiegervater aufführt. Aber sie soll nicht mitspielen. Sie soll das Theater beim Schwiegervater lassen. Nur wenn sie einen inneren Abstand zu ihm hat, kann sie die Sorge für ihn weiter wahrnehmen. Wenn sie beim Theater nicht mitspielt, das der Schwiegervater aufführt, dann wird es für ihn vielleicht auch allmählich langweilig, immer das gleiche Theater zu spielen. Es ist ja nur dann interessant, wenn ich die anderen zwinge, bei meinem Theater mitzuspielen. Dieses Bild soll den Schwiegervater nicht entwerten. Er darf sein Theater spielen. Ich verurteile ihn deshalb nicht. Aber ich lasse es bei ihm. Dann werde ich nicht mit Aggressionen auf ihn reagieren, sondern einfach beobachten, was er spielt und was er mit seinem Spiel von sich selbst verrät.

Meistens sind es die Frauen, die für ihre Eltern oder Schwiegereltern sorgen und sie pflegen. Es ist anzuerkennen, was die Frauen dabei leisten. Aber sie dürfen sich in ihrer Sorge nicht überfordern. Hilfreich kann sein, wenn sie immer auf die eigenen Gefühle achten. Bisweilen kommen Aggressionen hoch. Manche verurteilen sich dann selbst, dass sie aggressive Gefühle in sich wahrnehmen. Doch die Aggressionen sind immer ein Impuls, sich besser abzugrenzen und mehr für sich selbst zu sorgen. Die Aggressionen zeigen mir, dass ich nur dann weiterhin gut für die alten Eltern sorgen kann, wenn ich inneren Abstand habe, wenn ich nicht jedes Wort der alten Menschen an mich heranlasse, sondern es einfach als Ausdruck von deren Befindlichkeit wahrnehme und bei ihnen lasse. Und ich kann nur dann für die alten Eltern sorgen, wenn ich auch für mich sorge, wenn ich gut mit mir umgehe. Das ist kein Egoismus, sondern die Bedingung, dass meine Sorge nicht in Groll umschlägt.

Ritual

Fragen Sie den alten Vater oder die alte Mutter, ob Sie sie segnen dürfen. Wenn sie damit einverstanden sind, dann legen Sie beide Hände auf den Kopf des Vaters oder der Mutter. Dann können Sie entweder leise für sie beten und sich vorstellen, wie durch Ihre Hände Gottes Liebe in sie einströmt und den ganzen Leib durchdringt. Oder Sie können persönliche Segensworte formulieren, etwa wie folgendes Gebet: »Barmherziger und guter Gott, segne meinen Vater/meine Mutter und halte immer schützend deine Hand über sie. Begleite sie in ihrem Alter und in ihrer Krankheit. Lass deinen Segen um sie sein wie ein schützender und wärmender Mantel. Ich danke dir für alles, was meine Mutter/mein Vater für mich getan hat, für alles, was sie mir geschenkt hat. Ich bitte dich, sei du jetzt bei meinem Vater/meiner Mutter und zeige ihr, dass alles gut ist, dass sie von dir ganz und gar angenommen und geliebt ist und in Frieden ihren Weg weitergehen kann. So segne dich der gütige und barmherzige Gott, der Vater, der Sohn und der Heilige Geist.«

Wenn Sie Ihre alte Mutter oder Ihren alten Vater segnen, so kommt in die Sorge für sie eine neue Dimension. Es geht dann nicht mehr nur darum, ob Sie alles richtig machen und alle Wünsche der alten Eltern erfüllen. Vielmehr entsteht durch den Segen eine neue Nähe und Vertrautheit. Und dann brauchen Sie nicht mehr ständig zu überlegen, ob Sie genug tun für die Sorge und Pflege. Das befreit Sie selbst von Ihrem eigenen Druck. Und der Segen, den Sie sprechen, verwandelt Ihre Beziehung zu den alten Eltern. Sie sehen nicht nur den alten Menschen, der manchmal schwierig ist, sondern die gesegneten Eltern, die auch für Sie ein Segen waren und auch heute noch sind.

Sorge für die Familie

Die Sorge für die Familie ist mehr als die Sorge um die Kinder. Die Eltern sollen ihrer Familie einen Schutzraum schaffen, in dem sie sich entfalten kann. Manchmal müssen die Eltern gegenüber ihren eigenen Eltern oder gegenüber den Schwiegereltern die Familie schützen. Wenn die Großeltern unangemeldet und ohne anzuklopfen in die Familie kommen, tut es der Familie nicht gut. Da verlangt die Sorge für die Familie einen geschützten Rahmen. Den brauchen sowohl die Eltern als auch die Kinder.

Die Sorge für die Familie zeigt sich aber auf neue Weise, wenn die Kinder alle erwachsen sind. Viele Familien leiden darunter, dass die Geschwister zerstritten sind. Der Streit entzündet sich oft an der verschiedenen Einschätzung der Eltern. Die Tochter hat den Vater als hart erlebt, während der Sohn eine gute Beziehung zu ihm hatte. Oder die eine Tochter hatte eine bessere Beziehung zur Mutter als ihre Schwester oder ihr Bruder. Die Streitigkeiten haben oft mit der unterschiedlichen Beziehung der Kinder zu den Eltern zu tun und mit dem Neid, der dadurch unter den Geschwistern entsteht. Man beneidet den anderen wegen seiner Beziehung zur Mutter oder zum Vater. Und man beneidet den anderen, weil er in der Schule bessere

Noten geschrieben hat, weil es ihm leichter gefallen ist, zu lernen und weil er mehr Kontakte nach außen hin hatte. Der Geschwisterneid, der schon in der Kindheit aufkam, wird oft im Erwachsenenalter noch stärker. Da führt er dazu, dass man den Kontakt zum Bruder oder zur Schwester abbricht. Gemeinsame Geburtstagsfeiern für die Eltern sind nicht mehr möglich, weil die Geschwister sich nicht sehen wollen. Oder sie kommen, aber man spürt die feindliche und kalte Atmosphäre.

Viele Eltern leiden darunter, wenn ihre eigenen Kinder sich nicht verstehen. Da versucht die eine Tochter die Mutter für sich zu benutzen, dass sie ihr Recht gibt. Die andere Tochter versucht das Gleiche. So fühlt sich die Mutter hin- und hergerissen. Sie möchte beide Töchter lieben. Aber die beiden sind nicht bereit, sich gegenseitig zu respektieren. Und sie besuchen auch nie gemeinsam die Mutter. Ich habe Eltern erlebt, die zerbrochen sind an der Unversöhnlichkeit ihrer Kinder. Sie fragen sich dann auch, was sie verkehrt gemacht haben. Natürlich gibt es immer Fehler in der Erziehung. Aber das darf kein Grund sein, sich gegenseitig zu befeinden. Jedes erwachsene Kind muss sich aussöhnen mit der Vergangenheit, wie sie war, ohne ständig aufzurechnen, wer mehr Zuwendung vom Vater oder von der Mutter bekommen hat.

Noch schwieriger werden dann die Beziehungen zwischen den neidischen Geschwistern, wenn die Eltern gestorben sind und es um die Frage der Erbschaft geht. Da werden dann alte Geschwisterrivalitäten schon einmal im Streit um die Erbschaft ausgetragen. Und häufig führt das dann zur Spaltung in der Familie. Es tut mir weh, zu hören, wenn manche Menschen keinen Kontakt mehr zu ihren Geschwistern haben, wie sie ganz allein sind. Es ist kein Getragensein mehr durch eine Familie, auch nicht durch die größere Familie der Cousins und Cousinen. Diese Menschen fühlen sich im Alter dann völlig alleingelassen und isoliert. Niemand kümmert sich um sie. Sie müssen für ihr Alter selbst sorgen. Und das macht vielen Angst. Sie wissen nicht, wie und wann sie krank werden und wer dann für sie sorgen soll.

Sorge für die Familie bedeutet vor allem nach dem Tod der Eltern, dass man zusammenhält, dass man gemeinsame Feste feiert, dass man sich gegenseitig stützt, wenn einer krank wird. Oft waren es die Eltern, die die Familie zusammengehalten haben. Sie haben die Informationen, die sie von den einzelnen Kindern hatten, weitergegeben. Sie waren gleichsam die Schaltstelle für alle Informationen. Wenn sie gestorben sind, braucht es jemanden von den Geschwistern, der diese Rolle übernimmt, für das Zusammenstehen der Familie zu sorgen, für gemeinsame Feste einzuladen. Gerade in unserer immer anonymer werdenden Gesellschaft tut es gut, eine Familie zu haben, die einen trägt. Aber dafür muss man auch Sorge tragen. Von allein bleibt die Familie nicht lebendig und in gutem Kontakt zueinander.

Oft ist es einer oder eine unter den Geschwistern, der oder die es dann unternimmt, gemeinsam zu Festen einzuladen. Solange meine Mutter gelebt hat, haben wir uns immer mit allen Geschwistern und ihren Kindern zum Geburtstag getroffen. Mir war es dabei immer wichtig, dass wir nicht nur gut essen und trinken und uns gut unterhalten, sondern dass wir ein gemeinsames Ritual feiern. So habe ich einmal meine Geschwister eingeladen: Jeder soll erzählen, was er von der Mutter gelernt hat. Das hat meiner Mutter gutgetan. Und meinen Geschwistern tat es auch gut, sich daran zu erinnern. Jeder hat etwas anderes von der Mutter gelernt. Meine Mutter war auch die Schaltstelle, die von allen ihren Kindern Bescheid wusste. Wenn ich sie anrief, habe ich auch alles erfahren, was gerade in der großen Familie geschieht. Nach dem Tod der Mutter haben wir gespürt, dass wir jetzt andere Gelegenheiten brauchen, um uns gemeinsam zu treffen. So treffen wir uns – wenn es nur irgend möglich ist – an den Geburtstagen meiner Geschwister, besonders an den runden Geburtstagen. Da spüren wir, wie es der Familie gut tut, miteinander zu feiern.

In den letzten Jahren ist auch das Bedürfnis gewachsen, sich öfter mit den Cousinen und Cousins zu treffen. Die eine Hälfte der Verwandtschaft lebt in Bayern, um München herum, die andere Hälfte in der Eifel und im Rheinland. So freuen wir uns, wenn wir uns alle paar Jahre gemeinsam treffen. Gerade im Alter wird das Bedürfnis stärker, sich im großen Kreis zu treffen, sich gegenseitig auszutauschen, umeinander zu wissen. Denn je älter wir werden, desto mehr denken wir daran: Wie lange wir uns wohl noch alle treffen können? Wann wird der Erste ausfallen durch Krankheit oder Tod?

Die Kinder meiner Geschwister und meiner Cousinen und Cousins haben jetzt schon ein paar Mal ein Treffen der nach-rückenden Generation ausgemacht. Das hat offensichtlich allen gutgetan. Sie sind natürlich auf andere Weise verbunden wie wir als ältere Generation. Wir schreiben uns oder telefonieren mit-einander. Die jüngere Generation, meine Nichten und Neffen, sind alle über Facebook verbunden. Das führt dazu, dass sie gut Bescheid wissen, was der einzelne jetzt tut, wo er ist und wie es ihm geht. Auch wenn das für mich als Älterem etwas fremd ist, spüre ich, dass es der jüngeren Generation gut tut. Das ist auch eine Weise, für die Familie zu sorgen und sich als Familie zu fühlen.

Im Urlaub ist es mir ein Bedürfnis, mit meinen Geschwistern eine Woche in den Alpen zu wandern und bergzusteigen. Und die anderen beiden Wochen verbringe ich immer bei einem der Geschwister. Es tut gut, dann von den gemeinsamen Wurzeln zu erzählen, die uns tragen. Und wir spüren eine große Dankbarkeit für das, was wir von unseren Eltern mitbekommen haben. Ich bin auch dankbar, dass meine Schwester Linda zusammen mit mir ein Buch geschrieben hat: »Königin und wilde Frau«. Sie hält inzwischen auch viele Vorträge und Kurse. Und ich habe mit meinem Bruder Michael, der Lehrer für Physik und Mathematik war und sich auf Quantenphysik spezialisiert hat, ein gemeinsames Buch geschrieben: »Zwei Seiten einer Medaille. Gott und die Quantenphysik«. Es war schön, dass wir gemeinsam beim Schweizer Fernsehen in der »Sternstunde« miteinander über das Buch sprechen konnten. Ein Schwager, der in seiner Familie wenig Geschwisterlichkeit erlebt hat, war davon tief berührt. Und ich spüre, wenn ich meine Schwester oder meinen Bruder Vorträge halten höre, eine Dankbarkeit, dass wir von unseren Eltern offenbar etwas mitbekommen haben. Es ist nicht mein Verdienst und nicht das Verdienst meiner Geschwister. Wir verdanken viel unserem Vater, der immer gerne gelesen hat. Und mein Vater hat bei jeder Silvesterfeier eine längere Ansprache gehalten. Offensichtlich hat uns das geprägt, sodass es uns leichtfällt, auch vor anderen etwas vorzutragen.

Meine Nichte Donata ist Psychiaterin für junge Menschen. Sie war öfter beim gemeinsamen Wanderurlaub dabei und erzählte oft von ihren Erfahrungen. So habe ich sie eingeladen, gemeinsam ein Buch über Borderline-Störungen zu schreiben. Sie hat sich darüber sehr gefreut. Und es war für sie eine Herausforderung, selbst zu schreiben, zugleich hat es ihr Spaß gemacht. Und sie hat erkannt, dass sie lebendig schreiben und erzählen kann. Es freut mich, wenn meine Familie auch Anteil hat an meinem Leben und auch an meinen Erfolgen. Meine Großneffen und Großnichten erzählen gerne ihren Erziehern im Kindergarten oder ihren Lehrern in der Schule, dass Pater Anselm ihr Onkel ist. Das bringt ihnen natürlich Pluspunkte ein. Ich muss dann schmunzeln, wenn sie mir das erzählen.

Gerade wenn ich in Seelsorgegesprächen von der Zerrissenheit und Feindschaft in vielen Familien höre und von der Einsamkeit, unter der die Betroffenen dann leiden, bin ich dankbar, dass unsere Familie zusammenhält. Und ich spüre, dass auch das ein Verdienst unserer Eltern ist, für die Familie immer ein hoher Wert war. Ich habe meine Großeltern nie gekannt. Sie waren schon gestorben, als meine Eltern geheiratet haben. Aber durch die Erzählungen meiner Eltern habe ich auch teil an den Wurzeln, die auch die Großeltern für mich und meine Geschwister darstellen.

Ritual

Wenn Sie als Geschwister ein Fest gemeinsam feiern,
überlegen Sie sich auch, ob Sie bei diesem gemeinsamen
Fest ein Ritual miteinander begehen. Es braucht immer
eine Hemmschwelle, zu so einem Ritual einzuladen. Aber
wenn wir die Hemmschwelle überwunden haben, sind
oft alle Geschwister bereit zu einem Ritual. Und dann
entsteht eine neue Form der Verbundenheit und Nähe.
So ein Ritual könnte z.B. sein: Laden Sie Ihre Geschwister oder auch die Kinder Ihrer Großfamilie ein, zu sagen:
Was wünsche ich dem Geburtstagskind? Oder: Welches
Bild fällt mir ein, mit dem ich das Geburtstagskind beschreiben möchte? Oder: Welche Erinnerung kommt in
mir hoch, wenn ich an das Geburtstagskind denke?

Ein anderes Ritual könnte so aussehen: Vor dem gemeinsamen Mahl können Sie sich im Kreis aufstellen
und sich einander die Hände reichen. Dann könnte einer
einladen: »Wir beten jetzt gemeinsam das Vaterunser. Bei
diesem Gebet erinnern wir uns, wie unsere Eltern dieses
Gebet gebetet haben, wie ihnen das Gebet geholfen hat,
ihr Leben zu meistern und schwierige Situationen durchzustehen. Wir haben im Gebet teil an der Glaubenskraft

und Lebenskraft unserer Eltern. Wir kommen in Berührung mit unseren eigenen Wurzeln. Und wir dürfen uns vorstellen, dass die Eltern jetzt dieses Gebet mit uns beten, sie als Schauende, wir als Glaubende und auch manchmal als Zweifelnde oder Suchende.« Dann kann dieses gemeinsame Gebet nicht nur Sie als Geschwister miteinander verbinden, sondern es lässt auch die Eltern gegenwärtig sein.

Sorge für die Gäste

Zur menschlichen Kultur gehört die Gastfreundschaft. Und zur Gastfreundschaft gehört die Sorge um die Gäste. Ich sorge dafür, dass sie genug zu essen haben, dass sie sich in meinem Haus wohlfühlen, dass sie sich daheim fühlen, dass sie ruhig und gut schlafen können. Die Sorge für die Gäste ist Ausdruck der Liebe zu ihnen. Die Gastfreundschaft wird von der Bibel immer wieder als hohes Gut beschrieben. Der Hebräerbrief mahnt: »Vergesst die Gastfreundschaft nicht; denn durch sie haben einige, ohne es zu ahnen, Engel beherbergt.« (Hebr 13,2) Für den Gast zu sorgen gehört also zur christlichen Nächstenliebe. Und wie der Hebräerbrief sagt, oft werden jene, die andere gastfreundlich aufnehmen, selbst davon beschenkt. Der Gast wird zum Engel für ihn, der ihm etwas Neues verkündet, der seinem Haus Segen bringt.

Doch in diese gute Sorge für die Gäste können sich auch andere Motive einschleichen. Und dann wird die Sorge zur Anstrengung und führt oft genug auch zur Enttäuschung. Davon erzählt uns der Evangelist Lukas: Jesus kommt auf seiner Wanderung zu den beiden Schwestern Martha und Maria, mit denen er befreundet ist. Offensichtlich bringt er seine Jünger mit. Martha sorgt sofort dafür, dass sie etwas zu essen haben. Sie deckt den

Tisch und bereitet das Essen zu. Für eine größere Gruppe fällt da viel Arbeit an. Doch Maria setzt sich einfach zu Füßen Jesu und hört zu, was er zu erzählen hat. Da wird Martha aggressiv. Sie macht Jesus den Vorwurf: »Herr, kümmert es dich nicht, dass meine Schwester die ganze Arbeit mir allein überlässt? Sag ihr doch, sie soll mir helfen!« (Lk 10,40)

Hier merkt man, dass Martha als Gastgeberin nicht ganz selbstlos ist. Sie setzt sich unter Druck. Sie möchte eine besonders gute Gastgeberin sein. Sie möchte vielleicht andere Gastgeberinnen übertreffen in ihrer Sorge für die Gäste. Und sie möchte, dass die Gäste zufrieden sind, dass sie sich wohlfühlen in ihrem Haus. Doch mit ihrem aggressiven Ton gegenüber Jesus erreicht sie gerade das Gegenteil. Sie stört den Frieden, der bisher in der Erzählung spürbar war. Doch Jesus antwortet ihr mit dem berühmten Satz: »Martha, Martha, du machst dir viele Sorgen und Mühen. Aber nur eines ist notwendig. Maria hat den guten Teil gewählt, der soll ihr nicht genommen werden.« (Lk 10,41 f) Hier steht das Wort »merimna = Sorge, Bekümmernis«, das ich ganz am Anfang des Buchs schon einmal erwähnt habe. Und die Sorge ist mit Aufgeregtheit (thorybós) und Hektik verbunden. Man spürt, dass Martha unter Druck steht. Und noch eine Gefahr wird bei der Sorge Marthas sichtbar. Sie meint, das Bedürfnis Jesu sei es, gut zu essen. Doch Jesus hat sowohl ihr als auch ihrer Schwester etwas zu sagen. Manchmal decken wir mit unserer Fürsorge die Bedürfnisse des anderen zu. Wir glauben zu wissen, was der andere braucht. Aber wir hören gar nicht hin, was sein Bedürfnis wirklich ist.

Martha ist die gastfreundliche Frau. Sie sorgt für die Menschen. Doch Jesus zeigt ihr auf, dass sich in ihre gute Sorge für die Gäste eine andere Art von Sorge gemischt hat: Nämlich die

Sorge, gut anzukommen bei den Gästen, sich zu beweisen als gute Gastgeberin. Die gute Sorge, wie Jesus sie versteht, heißt: Erst einmal hinhören, was der Gast wirklich braucht, sich erst einmal mit ihm vertraut machen. Zuhören ist eine wichtige Art der Sorge. Ich nehme den Gast erst wahr in seiner Person. Ich interessiere mich für ihn, anstatt ihn gleich in mein System von Gastfreundschaft hineinzuzwingen. Ich erlebe das auch manchmal als Gast, wie es mich bedrängt, wenn man meint, ich müsse diese oder jene Bedürfnisse haben. Ich müsse noch mehr essen, obwohl ich schon satt bin. Oder man müsse mich ständig unterhalten, obwohl ich vor allem das Bedürfnis nach Ruhe habe. Da ist es gut, wenn der Gastgeber erst einmal zuhört, wie es dem Gast geht, was er wirklich braucht und wünscht. Dann geht seine Sorge nicht ins Leere. Dann deckt der Gastgeber den anderen nicht mit seiner Sorge zu, sondern sorgt dafür, dass es ihm gut geht, dass er das braucht, wonach er sich sehnt.

Es hat mich immer gefreut, dass ich aus einer gastfreundlichen Familie komme. Meine Eltern haben gerne Gäste aufgenommen. Da sind die Verwandten aus dem Rheinland zu uns nach München gekommen. Wir Kinder brachten oft andere Kinder mit. Für meine Mutter war das kein Problem, für einen oder zwei mehr zu kochen. Es waren sowieso schon immer neun Personen. Und die Gäste haben sich bei uns immer wohlgefühlt, weil es unkompliziert war. Durch die Auslandsaufenthalte meiner ältesten Schwester kamen dann immer auch internationale Gäste zu uns. Die haben wir auch immer gerne aufgenommen. Mein Vater und auch meine Mutter haben sich immer gerne mit ihnen unterhalten. Meine Mutter war einfach interessiert an den Menschen. Sie wollte wissen, wie Menschen in Spanien oder Italien oder Frankreich leben, denken und arbeiten. Die

Gastfreundschaft hat viele gute Kontakte geknüpft, die jetzt schon über fünfzig Jahre dauern und inzwischen sogar die neuen Generationen mit einschließt. An Weihnachten hat mein Vater immer ausländische Studenten eingeladen, die in einem internationalen Studentenheim der Steyler Missionare in München wohnten. Für ihn war es ein Bedürfnis, an Weihnachten auch Menschen an unserem Fest teilhaben zu lassen, die sich sonst in der Fremde alleine fühlen würden.

Unsere Familie hat aber auch selbst Gastfreundschaft erfahren. Im November 1944 wurde meine Mutter mit ihren damals drei Kindern und ihre Schwester mit vier Kindern evakuiert und zwar in ein kleines Bauerndorf, nach Junkershausen in der Rhön. Das war für die Bauernfamilien auch nicht selbstverständlich, zwei fremde Familien aufzunehmen. Aber die beiden Mütter und meine Geschwister und die Kinder meiner Tante haben sich sehr wohlgefühlt bei diesen Familien. Ich selbst bin dann im Januar 1945 dort geboren, also aus Sicht meiner Familie in der Fremde, als Gast. Die Verbindungen mit den Menschen in diesem Dorf dauern bis heute an. Oft sind die Landwirte aus diesem Dorf zur Landwirtschaftsausstellung nach München gefahren. Und sie waren immer Gast bei uns. Auch da ist eine herzliche Verbindung entstanden. So habe ich am eigenen Leib den Segen der Gastfreundschaft erlebt.

Gastfreundschaft war den Menschen in der Antike in allen Kulturen und Religionen heilig. Die Griechen schätzten die Gastfreundschaft genauso wie die Ägypter. In der Bibel wird von Abraham erzählt, der drei Männer aufnimmt, die an seinem Zelt vorbeikommen. Er nimmt sie gastfreundlich auf und bewirtet sie. Die drei Männer erweisen sich als Boten Gottes. Sie verkünden dem Abraham, dass seine Frau Sara in einem Jahr ein Kind gebären wird. Die Ikonenmaler des Ostens haben diese Szene geliebt. Die drei Männer wurden für die Ikonenmaler zum Bild für den dreifaltigen Gott, der in den Gästen zu uns kommt.

Wir nehmen Gott selbst auf, wenn wir Menschen aufnehmen. Der heilige Benedikt schätzt die Gastfreundschaft. Im Gast nehmen wir Christus selbst auf. Daher soll der Abt sich vor den Gästen niederwerfen »und verehre so in ihnen Christus, der in Wahrheit aufgenommen wird«. (RB 53,7) Jesus selbst ist gerne zu Gast bei den Pharisäern, aber auch bei den Zöllnern und Sündern. Als Gast beschenkt er die Gastgeber mit seiner Botschaft und mit seiner Liebe. Und er mahnt die Gastgeber, nicht nur Freunde einzuladen: »Wenn du ein Essen gibst, dann lade Arme, Krüppel, Lahme und Blinde ein. Du wirst selig sein, denn sie können es dir nicht vergelten; es wird dir vergolten werden bei der Auferstehung der Gerechten.« (Lk 14,13 f)

Und dann erzählt Jesus das Gleichnis vom Festmahl. Die geladenen Gäste lassen sich entschuldigen. Sie haben Wichtigeres zu tun. Ihre Arbeit, ihr Erfolg, ihre Beziehungen und Freundschaften sind ihnen wichtiger, als die Einladung zum Gastmahl anzunehmen. So schickt der Herr seinen Diener aus, sie sollen die Armen und Krüppel, die Blinden und Lahmen einladen. Als der Saal immer noch nicht voll ist, soll der Diener auf die Landstraßen außerhalb der Stadt gehen und alle Leute drängen, zum Gastmahl zu kommen. Gott selbst lädt uns zum Gastmahl ein. Das Gastmahl ist Bild der Selbstwerdung des Menschen. Das Erfolgreiche in uns ist oft satt. Wir sind nicht dankbar für das, was Gott uns schenkt. Gerade das Schwache und Arme in uns ist offen für das Geschenk, das Gott uns in seinem Mahl gewährt. So ist Gott selbst der Gastgeber, der uns einlädt, an seinem Mahl teilzunehmen und dadurch mit Gott und mit uns selbst eins zu werden. In diesem Gleichnis wird deutlich, dass unsere Gastfreundschaft Gottes Gastfreundschaft nachahmt. Gott selbst lädt uns als Gäste an seinen Tisch. Eine Weise, diese Gastfreundschaft konkret zu erfahren, ist die Einladung zum Mahl der Eucharistie. Da ist Gott selbst der Gastgeber. Und wir als Gäste werden beschenkt.

Ritual

Der heilige Benedikt hat in seiner Regel ein Ritual beschrieben, wie die Gäste aufgenommen werden sollen: »Sobald ein Gast gemeldet wird, sollen ihm daher der Obere und die Brüder voll dienstbereiter Liebe entgegeneilen. Zuerst sollen sie miteinander beten und dann als Zeichen der Gemeinschaft den Friedenskuss austauschen.« (RB 53,3 f) Dieses Ritual können wir heute so nicht einfach übernehmen. Aber wir können es in unsere Art von Gastfreundschaft übersetzen. Für mich sieht das dann so aus: Ich bete für den Gast, bevor er kommt. Ich beschäftige mich nicht mit meiner Arbeit bis zum Eintreffen des Gastes. Denn dann würde der Gast mich nur stören. Ich setze mich hin und bete für ihn, dass die Begegnung gut wird. Wenn er dann an der Haustür klingelt, bin ich offen, ihn herzlich zu begrüßen und ihn – wenn es für ihn möglich ist – zu umarmen. Dann ist es eine herzliche Aufnahme. Und bevor wir essen, kann ich mich erst wie Maria im Lukasevangelium mit ihm zusammensetzen und hören, was er zu erzählen hat. Dann können wir miteinander Mahl halten.

Sorge für sich selbst

Maria hat in der Erzählung des Lukas für sich selbst gesorgt. Sie hat das getan, wonach ihr war. Und sie wurde von Jesus gelobt. Wir können nur gut für den anderen sorgen, wenn wir auch für uns selbst sorgen. Diese Sorge hat viele Aspekte. Da ist einmal die Sorge für die eigene Gesundheit. Ich sorge dafür, dass ich mich gesund ernähre, dass ich meinen Leib nicht überfordere. Ich achte darauf, was meiner Gesundheit gut tut. Jesus Sirach rät: »Bevor du redest, unterrichte dich, und ehe du krank wirst, sorge für die Gesundheit!« (Sir 18,19)

Die Sorge um die Gesundheit drückt sich auch aus in der Sorge für ein ausgeglichenes Leben. Ich sorge dafür, dass ich genügend Zeit für die Stille und für das Gebet habe; oder auch Zeit zum Lesen und Zeit zu guten Gesprächen. Ich sorge für einen guten Rhythmus in meinem Leben. Ich höre auf meine Gefühle. Sie zeigen mir, ob das, was ich tue, noch stimmt. Wenn in mir Ärger oder Gereiztheit hochkommen, ist es immer ein Zeichen, dass ich mein Maß überschritten habe. Die Gefühle zeigen mir, wo ich für mich besser sorgen soll. Aber wenn das Leben in mir fließt, wenn mir das Sorgen für andere Spaß macht, dann brauche ich nicht ängstlich für mich zu sorgen, voller Angst, ich könnte mich übernehmen. Das Gefühl gibt mir mein Maß an. Und solange ich dieses Maß lebe, lebe ich gesund.

Natürlich kann die gelassene Sorge um die Gesundheit auch in eine ängstliche und quälende Sorge umschlagen. Man übertreibt dann mit der Gesundheit. Man kreist nur noch darum, ob das, was man isst, auch gesund ist. Man liest die verschiedensten Artikel über gesunde Ernährung und stellt seinen Speiseplan ständig um, weil es immer wieder neue Informationen über ein gesundes Essen gibt. Oder man probiert ständig neue Formen von Bewegung oder Entspannungsmethoden aus. Wenn man von anderen hört, diese oder jene Methode sei gut für die Gesundheit, dann meint man, sie auch gleich ausprobieren zu müssen. Doch wer sich zu sehr um seine Gesundheit sorgt, ist häufig krank. Denn er ist fixiert auf seine Gesundheit. Ähnlich geht es den Menschen, die ängstlich dafür sorgen, dass sie genügend Zeit für sich haben. Sie haben Angst, sich für jemanden oder für etwas einzusetzen. Es könnte zu viel werden. Doch diese Menschen sind nicht sehr glücklich. Ihre ängstliche Sorge macht sie unzufrieden. Das Leben fließt bei ihnen nicht. Die Sorge für sich selbst soll einen nicht am Fluss des Lebens hindern, sondern uns gerade ermöglichen, dass wir uns gerne dem Leben und den Aufgaben hingeben, die uns das Leben stellt.

Eine Form von Sorge ist auch die Körperpflege. Das fängt mit der Reinigung des Körpers an und zeigt sich in der Sorgfalt, mit der ich mich kleide. Bei Frauen ist eine Form der Selbstsorge auch das Sich-Schmücken und Schminken, Sich-Schönmachen. Natürlich kann man auch hier übertreiben. Aber im Recollectio-Haus erlebe ich immer wieder Männer und Frauen, die einen verwahrlosten Eindruck machen. Da spüre ich: Diese

Menschen sorgen nicht für sich. Und dadurch machen sie auf die anderen einen negativen Eindruck. Man möchte nicht gerne mit ihnen zu tun haben, weil ihr Geruch einen schon davon abhält, ihnen zu nahezukommen. Und wenn einer gar nichts gibt auf sein Aussehen, dann stößt es uns auch ab. Denn wir haben auch ein ästhetisches Bedürfnis, einen Anspruch auf ein gepflegtes Äußeres des anderen. Wer nicht für sich selbst sorgt und verwahrlost, der macht den Menschen in seiner Umgebung Sorgen. Denn sie spüren, dass mit diesem Menschen etwas nicht stimmt. Die mangelnde Selbstfürsorge ist Zeichen dafür, dass diese Menschen sich selbst nicht wertschätzen. Sie ist Ausdruck von Selbstverachtung. Und letztlich verstoßen sie damit gegen die Würde, die Gott ihnen als Mensch geschenkt hat.

Schon der Weisheitslehrer Jesus Sirach weiß, dass die Sorge um sich selbst, um seinen Lebensunterhalt, um seinen Erfolg einen auffressen kann. Ein paar Verse sollen das verdeutlichen: »Überlass dich nicht der Sorge, schade dir nicht selbst durch dein Grübeln!« (Sir 30,21) An einer anderen Stelle heißt es, dass die Sorge viele tötet und dass der Kummer einen vorzeitig alt macht. (Sir 30,23 f) Und zu viele Sorgen lassen einen schlaflos die Nacht verbringen: »Die Sorge um den Lebensunterhalt verscheucht den Schlummer, mehr als schwere Krankheit vertreibt sie ihn.« (Sir 32,2) Hier ist es vor allem die Sorge um den eigenen Lebensunterhalt, ob man auch genügend zu essen hat und ob man finanziell für die Zukunft abgesichert ist. Wir meinen, diese Sorge sei heute überholt. Aber ich kenne genügend alleinerziehende Mütter, die die Sorge um den eigenen Lebensunterhalt und den für ihre Kinder umtreibt und manchmal nicht schlafen lässt.

In der Rede Jesu über die Sorglosigkeit ist diese übertriebene Sorge gemeint, vor der wir uns hüten sollen. »Sorgt euch nicht um euer Leben und darum, dass ihr etwas zu essen habt, noch um euren Leib und darum, dass ihr etwas anzuziehen habt. Ist nicht das Leben wichtiger als die Nahrung und der Leib wichtiger als die Kleidung?« (Mt 6,25) Der bedeutende evangelische Theologe Rudolf Bultmann legt diese Stelle so aus, dass der Mensch durchaus im Gegensatz zu den Vögeln des Himmels und den Lilien des Feldes um seine Lebensmittel und seine Kleidung zu sorgen hat. Aber er soll es sachgemäß und ohne Angst tun. »Was das sachgemäße Sorgen zu einem törichten macht, ist eben die Angst und der in der Verblendung dieser Angst entstehende Wahn, durch die Lebensmittel, um die man sich sorgt, das Leben selbst sichern zu können.« (Bultmann, merimnan, ThWNT IV 596) Das wahre Leben findet der Christ nicht, indem er für seine eigene Zukunft vorsorgt, indem er genügend Lebensmittel als Vorrat schafft.

Jesus stellt dem sorgenden Menschen die Frage: »Wer von euch kann mit all seiner Sorge sein Leben auch nur um eine kleine Zeitspanne verlängern?« (Mt 6,27) Das ist eine sehr moderne Frage. Denn viele Menschen sorgen sich ständig um ihre Gesundheit, damit sie möglichst lange leben. Doch sie überspringen das Leben selbst. Vor lauter Sorge um die Zukunft vergessen sie die Gegenwart. Sie leben nicht wirklich. Sie verzehren sich in Sorge, aber sie können den Augenblick nicht genießen. Jesus gibt uns eine andere Antwort, wie wir ein gutes Leben finden: »Euch muss es zuerst um sein Reich und um seine Gerechtigkeit gehen; dann wird euch alles andere dazugegeben.« (Mt 6,33) Wenn Gott in uns herrscht, werden wir frei von der Sorge um unsere eigenen Bedürfnisse. Dann werden wir nicht mehr beherrscht von unserer Sorge. Dann haben die Bedürfnisse keine Macht mehr über uns. Bultmann interpretiert diese Worte Jesu so: »Der Mensch, dem es um sich selbst geht und der sein Leben durch Lebensmittel meint sichern zu können, wird darauf verwiesen, dass es ihm um Gottes Herrschaft gehen müsse; dann wird die Angst um sein Leben schwinden.« (Bultmann 597) In seiner Auslegung gibt Bultmann von Mt 6 eine Antwort auf die Philosophie der Sorge bei Heidegger: Wenn der Mensch das Reich Gottes sucht, wenn er danach sucht, dass Gott in ihm herrscht, dann verliert die Sorge das Beängstigende und Bedrückende, dann wird sie zur angemessenen Sorge um Gesundheit und eine gute Zukunft.

Jesus meint also eine gesunde und befreiende Sorglosigkeit, aber keine absolute Sorglosigkeit. Sorglosigkeit wird vom Alten Testament als Ausdruck von Torheit gesehen. So heißt es in den Sprichwörtern: »Die Sorglosigkeit der Toren ist ihr Verderben.« (Spr 1,32) Wer absolut sorglos ist, wer sich um nichts kümmert, wer einfach nur so dahinlebt, wer jede Verantwortung für sich und für andere ablehnt, der ist ein Tor. Und sein Leben läuft ins Verderben. Das deutsche Wort »Tor« ist verwandt mit »dösen, schlummern, im Dunst dahinleben«. Tor meint den Dummkopf, der umnebelt und verwirrt ist, der nicht klar sieht, worum es eigentlich im Leben geht. Die Sorglosigkeit der Toren ist also ein Sich-Einnebeln durch Illusionen, die man sich vom Leben macht. Aber man hat nicht den Mut, der Wirklichkeit ins Auge zu sehen.

Der Prophet Jeremia sagt dem sorglosen Volk, das in Sicherheit lebt, voraus, dass seine Kamele erbeutet und seine Herden geraubt werden. (Vgl. Jer 49,31f) Sorglosigkeit meint, ich könne einfach dahinleben, ohne die politische und gesellschaftliche

Wirklichkeit zu berücksichtigen. Der Prophet bezeichnet es als die Schuld Sodoms, »dass sie und ihre Töchter hochmütig waren, dass sie in Überfluss zu essen hatten und in sorgloser Ruhe dahinlebten, ohne den Elenden und Armen zu helfen«. (Ez 16,49) Hier bezieht sich die Sorglosigkeit auf ein Leben im Luxus, das einen blind macht, sich um andere zu sorgen. Diese Sorglosigkeit meint Jesus nicht, wenn er uns aufruft: »Sorgt euch nicht um morgen.« (Mt 6,34) Er fordert die Menschen vielmehr auf, ihre Situation genau zu beobachten und einzuschätzen. Einfach sorglos dahinzuleben und sich um nichts und niemanden zu sorgen, das ist Ausdruck von narzisstischem Kreisen um sich selbst und die eigenen Bedürfnisse.

Wovon Jesus uns befreien möchte, sind die Sorgen dieser Welt. Davon spricht er im Gleichnis vom Sämann, der ausgeht, den Samen zu säen. Der Samen, der unter die Dornen fällt, bezieht sich auf Menschen, die das Wort Gottes zwar hören: »Aber die Sorgen (mérimnai) der Welt, der trügerische Reichtum und die Gier nach all den anderen Dingen machen sich breit und ersticken es, und es bringt keine Frucht.« (Mk 4,19) Jesus spricht hier von den Sorgen der Welt. Und diese Sorgen der Welt beschreibt er als Liebe zum Reichtum und als Gier nach vielen Dingen, auf die sein Auge gerade fällt. Es ist also nicht die Sorge um das Heil, die Sorge um gelingendes Leben, sondern die Sorge, in dieser Welt gut dazustehen, genügend Geld zu haben und alle seine Bedürfnisse erfüllen zu können. Diese Sorgen werden zu quälenden Sorgen. Sie können uns vom Leben abhalten. Sie ersticken das Leben in uns, das aufblühen möchte. Vor lauter Sorgen finden wir dann keine Zeit für Stille und Gebet. Und wenn wir beten, kreisen wir nur um unsere Sorgen.

Jesus möchte uns auch von einer anderen Sorge befreien, von der Sorge, ob wir auch bestehen können vor den Menschen, ob wir vor ihnen die richtigen Worte finden, wenn wir vor Gericht gestellt werden: »Macht euch nicht im Voraus Sorgen (promerimnate), was ihr sagen sollt; sondern was euch in jener Stunde eingegeben wird, das sagt! Denn nicht ihr werdet dann sprechen, sondern der Heilige Geist.« (Mk 13,11) Die Sorge, ob wir alles richtig machen, ob wir uns richtig entscheiden, ob wir die richtigen Worte finden, lösen sich auf, wenn wir darauf vertrauen, dass der Heilige Geist in uns ist. Er wird uns die richtigen Worte eingeben. Er wird unsere Entscheidungen segnen. Und Jesus mahnt uns, uns von den Sorgen des Alltags nicht verwirren zu lassen. Lukas spricht hier von *merimnais biotikais*: »Habt auf euch selbst acht, dass eure Herzen nicht beschwert werden durch Rausch und Trunkenheit und Sorgen um den Lebensunterhalt.« (Lk 21,34 – Übersetzung Grundmann) Der Christ soll auf sich achtgeben, er soll also für sich sorgen. Aber er soll für sein wahres Wesen sorgen und sich nicht von den Sorgen des Alltags, von den Sorgen um den Lebensunterhalt niederdrücken lassen.

In manchen Gesprächen höre ich von Eheproblemen. Der Mann hat keine Zeit für Gespräche mit seiner Frau. Die Frau fühlt sich wenig wertgeschätzt. Alle Versuche, mit dem Mann über ihre Wünsche zu sprechen, fruchten nicht. Ich rate dann immer: »Sorgen Sie erst einmal für sich selbst. Tun Sie das, was Ihnen gut tut, anstatt ständig den Mann ändern zu wollen. Sie werden sehen, wenn Sie für sich selbst sorgen, wenn Sie selbst gut leben können, dann wird auch Ihr Mann wieder neugierig auf Sie.« Diese Sorge für sich selbst ist kein Egoismus. Vielmehr ist sie der Weg, in der Partnerschaft bleiben zu können, weil ich nicht alles von meinem Partner erwarte. Die Sorge für mich zeigt: Ich kann selbst etwas für mich tun. Ich kann dafür sorgen, dass ich Frieden in mir spüre und dass ich daher auch eine Zeitlang fair neben meinem Partner leben kann, natürlich immer in der Hoffnung, dass aus dem Nebeneinander wieder ein Miteinander wird.

Die Sorge für sich selbst kann so aussehen, dass ich mir überlege, was ich gerne machen möchte. Was könnte ein schönes Hobby sein, das mir Erfüllung schenkt? Oder ich könnte Kurse besuchen, mich fortbilden. Die Sorge für sich selbst verbleibt nicht in der Passivität. Sie zeigt, dass ich für mich selbst verantwortlich bin. Ich kann das tun, was mir gut tut, ohne die Beziehung und Verpflichtung anderer gegenüber zu vernachlässigen. Indem ich für mich sorge, bleibe ich nicht in der Opferrolle. Viele, die an ihrem Ehepartner leiden, fühlen sich als Opfer eines Partners, der sie nicht versteht, der sie verletzt und zu wenig wertschätzt. Sorge für sich selbst ist Ausdruck, dass ich mich selbst wertschätze, dass ich mich selbst liebe.

Einen ähnlichen Rat gebe ich, wenn Menschen über ihre Arbeitssituation jammern. Das Jammern ist oft Ausdruck von Passivität. Ich soll die Situation realistisch wahrnehmen. Manchmal muss ich betrauern, dass die Situation in der Firma einfach so ist, wie sie ist. Und dann kann ich überlegen, wie ich für mich selbst sorgen kann. Wo kann ich etwas besser organisieren, wo mich besser abgrenzen? Wo sollte ich mit dem Chef oder mit den Mitarbeitern sprechen, um die Situation zu verbessern? Gibt es ein paar Mitarbeiter, die ähnlich denken und fühlen wie ich? Könnte ich mit ihnen nicht eine neue Kultur in dieser Firma schaffen, die gleichsam zu einem Sauerteig wird, der dann nach und nach auch die Firma verwandelt? Aber kann es auch sein, dass ich für mich sorgen muss, indem ich diese Firma verlasse. Aber der erste Schritt ist immer, innerhalb der Firma für sich selbst zu sorgen. Wenn das nicht geht, wenn ich mich überfordert und allein gelassen fühle, dann bleibt immer noch der Schritt, zu kündigen. Die Sorge für mich selbst befreit mich aus der Passivität und aus der Opferrolle. Sie zeigt mir meine Würde: In jeder Situation kann ich auch für mich selbst sorgen, dass es mir gut geht, dass ich die äußere Situation besser meistern kann.

Manche werfen mir vor, ich würde zu viel arbeiten und zu wenig für mich sorgen. Andere fragen mich, wie ich das alles schaffe: die vielen Vorträge und Kurse und das Bücherschreiben. Ich antworte dann immer: Ich sorge gut für mich. Diese Sorge sieht so aus, dass ich nach zwei oder drei Gesprächen im Recollectio-Haus nicht einfach weitermache, indem ich lese oder schreibe. Vielmehr lege ich mich erst einmal 15 Minuten aufs Bett und genieße die Müdigkeit. Ich sage mir dann vor: Jetzt musst du gar nichts tun, einfach nur faul da sein. Dann bekomme ich wieder Lust, etwas zu arbeiten, entweder Schreiben oder die Fahrt zum Vortrag. Bei den Vorträgen sorge ich für mich, indem ich früh genug aufbreche, damit ich nicht unter Druck gerate.

Natürlich gelingt das nicht immer, wenn ich in einen Stau gerate. Aber dann sage ich mir nach meinem ersten Ärger vor: Es ist jetzt so. Die fangen sowieso nicht ohne mich an. Wenn ich Kurse halte, gebe ich die Möglichkeit zu Einzelgesprächen, jeweils 15 Minuten. Dann habe ich neben den Kurseinheiten noch 15–20 Einzelgespräche. Manche denken auch, das sei zu viel. Aber ich sorge für mich, einmal indem ich einen Mittagsschlaf halte, zum anderen, dass ich die Grenze von 22 Uhr strikt einhalte. Innerhalb dieser Grenzen kann ich mich gut auf andere einlassen. Für mich sorgen heißt für mich, um meine Grenzen wissen und sie auch konsequent einhalten. Und für mich sorgen heißt, auf meine Gefühle zu hören. Wenn ich keine Lust zum Schreiben habe, dann gönne ich mir, einfach in die Bibliothek zu gehen und zu schauen, welche Themen mich anspringen.

In psychologischen Büchern und in Büchern über Lebenshilfe lesen wir ständig davon, dass wir für uns selbst sorgen sollen. Es gibt dabei auch übertriebene Sorgen für sich selbst. Man betont so sehr die Selbstliebe und Selbstfürsorge, dass man nur um sich kreist. Man hat Angst, man könnte überfordert werden. Und vor lauter Angst lässt man sich nicht auf das Leben, auf die Arbeit ein. In der Betriebswirtschaft spricht man von *Input* und *Output*. Es gibt manche Menschen, die sich vor lauter *input* verschlucken. Sie brauchen noch diese und jene Ausbildung, bevor sie überhaupt anfangen, zu arbeiten. Und dann kommt nicht viel dabei heraus, weil sie ständig nur um sich kreisen und dafür sorgen, dass sie ja nicht überfordert werden. Das ist letztlich eine ungesunde Selbstliebe.

Die Psychologin Ursula Nuber meint, Menschen, die danach leben, geraten leicht in die Egoismusfalle. Sie fühlen sich dann alleingelassen mit ihrer Selbstsorge. Aber das Leben strömt nicht in ihnen. Die gute Selbstfürsorge sieht so aus, dass ich gut auf meine Gefühle höre. Zu meinen Gefühlen gehört auch das Bestreben, für andere zu sorgen, anderen zu helfen und den Nächsten zu lieben. Wenn ich bei meiner Sorge für andere das Gefühl habe, dass das Leben und die Liebe in mir fließen, dann darf ich guten Gewissens weiterhin für andere sorgen. Doch immer wenn ich in mir Gefühle von Ausgenutztwerden, Gefühle von Aggression oder von Widerstand in mir spüre, ist das ein Zeichen, dass ich meine Sorge für andere begrenzen und für mich selber besser sorgen sollte. Diese Selbstfürsorge ist dann kein Egoismus. Sie ist vielmehr die Bedingung, dass ich weiterhin gerne anderen helfe. Es braucht immer eine gesunde Spannung von Sorge für die anderen und Selbstfürsorge. Die Selbstfürsorge sollte nicht zu einer egozentrischen Haltung führen. Sie sollte vielmehr aus dem Gefühl meiner eigenen Würde geschehen und aus dem Gefühl von Verantwortung für mich und für andere.

Das hat schon Bernhard von Clairvaux so gesehen in seinem berühmten Brief an Papst Gregor, der sich vor lauter Sorgen um die Geschäfte der Kirche aufgerieben hat und in Gefahr stand, bitter zu werden. Bernhard schreibt: »Bist du etwa dir selbst ein Fremder? Und bist du nicht jedem fremd, wenn du dir selber fremd bist? Ja, wer mit sich selbst schlecht umgeht, wem kann der gut sein? Denk also daran: Gönne dich dir selbst. Ich sage nicht: Tue das immer, ich sage nicht, tue das oft, aber ich sage: Tue es immer wieder einmal. Sei wie für alle anderen auch für dich selbst da, oder jedenfalls sei es nach allen anderen.« Es geht nicht darum, jetzt nur noch für sich selbst zu sorgen. Aber wenn wir die Sorge für uns vernachlässigen, dann werden wir – wie Bernhard schreibt – in unserem Herzen hart. Wir spüren uns selbst nicht mehr. Und dann können wir auch den anderen nicht mehr spüren. So geht es immer um das rechte Gleichgewicht zwischen Sorge für sich selbst und Sorge für die anderen.

Die heutige Psychologie bestätigt die Einsicht Bernhards von Clairvaux. Nicht derjenige sorgt gut für sich, der nur um sich und seine Bedürfnisse kreist. Sondern der Mensch, der zugleich für andere sorgt. Schweizer Forscher haben festgestellt, dass Großeltern, die sich gelegentlich um ihre Enkelkinder kümmern, im Durchschnitt länger leben als Senioren, die keine Enkel umsorgen. Und auch die alten Menschen, die sich um andere Menschen kümmern, leben länger als die, die nur um sich kreisen. Anna Gielas berichtet über die Erklärung der Schweizer Forscher: »Die großelterliche Fürsorge sei eine Fortsetzung der elterlichen Obhut, die sich grundlegend positiv auf Wohlbefinden und Gesundheit auswirkt – und somit auch auf die Lebensspanne.« (Gielas, Psychologie heute 04/2017, 6) Wer also nur für sich selber sorgt, der schadet sich selbst. Zum Wohlbefinden des Menschen gehört die Sorge für andere.

Ähnlich sehen es auch die Philosophen. Krisha Kops berichtet von der Sorge um sich selbst (epimeleia heautou), wie sie die griechischen Philosophen verkündet haben. Sie schreibt: »In der Antike wie in den östlichen Philosophien macht die Sorge um sich nicht bei einem selbst halt. Man arbeitet an sich, um den anderen Menschen moralisch entgegenzutreten, gar um sich um sie zu kümmern. Selbstsorge hat auch nichts mit der Selbstoptimierung der Moderne zu tun.« (Krisha Kops, Psychologie heute 04/2017, 27) Die moderne Selbstoptimierung setzt die Sorge für sich selbst ein, um nach außen besser zu funktionieren, um mehr Erfolg zu haben. Doch das ist nicht das Ziel der Selbstsorge, wie sie die antike Philosophie sieht. Es geht der Philosophie immer um das Wohl aller. Und so sollen wir die Selbstsorge auch immer im Blick auf die anderen üben, dass es nicht nur uns selbst, sondern den anderen besser geht, indem wir auch für sie sorgen.

Ritual

Setzen Sie sich bequem in einen Sessel oder legen Sie sich flach aufs Bett. Genießen Sie, einmal nichts tun zu müssen. Sie müssen auch nicht nachdenken, wie Sie Ihr Leben ändern sollen. Genießen Sie einfach einmal das Faulsein und das Nichtstun. Dann werden von alleine Gedanken in Ihnen auftauchen, wie Sie besser für sich sorgen können. Sie grübeln nicht darüber nach, sondern lassen einfach die Gedanken spontan in sich aufsteigen. Wenn keine Gedanken kommen, so sind diese 15 Minuten oder halbe Stunde auf dem Sessel oder auf dem Bett schon eine Form, für sich zu sorgen. Sagen Sie sich vor: Jetzt muss ich mal gar nichts tun. Ich darf einfach nur da sein, ohne mich rechtfertigen oder etwas vorweisen zu müssen. Es genügt, einfach nur mal zu sein, ohne das zu kommentieren. Sie werden spüren, dass Sie dann wieder entspannter in Ihren Alltag eintauchen können.

Sorge für die Schöpfung

Die Bibel meint mit ihrer Kritik an der Sorglosigkeit auch den unverantwortlichen Umgang mit der Schöpfung und ihren Ressourcen. Der Prophet Ezechiel sieht in der Sorglosigkeit das Übel Sodoms. Für diese Sorglosigkeit wurde die Stadt von Gott durch eine Naturkatastrophe zerstört, durch Schwefel und Feuer, das Gott auf die Stadt regnen ließ. (Gen 19,23 f) Wenn wir ohne Verantwortung für unsere Umwelt leben, dürfen wir uns nicht wundern, wenn auch über unsere Welt Schwefel und Feuer regnen, wenn Naturkatastrophen uns immer mehr heimsuchen. Zur Verantwortung und Sorge um die Schöpfung ermahnen uns heute nicht nur die Umweltschützer, sondern auch die Klimaforscher, die Politiker, die Philosophen und die Theologen. Der schon zitierte jüdische Philosoph Hans Jonas hat die Verantwortung für die Schöpfung und ihre Zukunft in seinem Hauptwerk »Verantwortung« immer wieder betont.

In unseren Tagen wird der frühere Befreiungstheologe Leonardo Boff nicht müde, uns an die Sorge für den Kosmos zu erinnern. Er geht aus von der Interpretation des römischen Mythos von der Sorge durch Martin Heidegger. Er führt diese Gedanken weiter: »Sorge ist die Voraussetzung dafür, dass ein bewusstes, rationales und freies Wesen entstehen kann. Nur durch die Übung der Sorge kann ein Lebewesen im Akt seines Lebens zusammen mit anderen, die auf die Zukunft zugehen, seine Existenz gestalten.« (Boff 324) Das Entstehen des Kosmos – so meint Boff – wäre ohne Sorge nicht möglich gewesen: »Ohne die sorgende Synergie aller Energien des Universums wären das Leben und das Bewusstsein niemals entstanden.« (Boff 324) Die heutige Evolutionsforschung weiß, dass nicht die Stärksten (»the fittest«) überleben, wie es Darwin noch gedacht hatte, sondern die Lebewesen, die von vorneherein in Sorge füreinander waren, die ihre Verbundenheit füreinander gelebt haben. Die Sorge ist also nicht nur das Wesen des menschlichen Daseins, sondern für Boff auch eine kosmologische Größe. Die Sorge ist die innere Kraft, die die Entwicklung des Kosmos vorantreibt.

Die Sorge füreinander ist das Prinzip unseres Kosmos. Das zeigt das schöne Buch des Försters Peter Wohlleben: »Das geheime Leben der Bäume«. Er hat darin festgestellt, dass die Bäume untereinander kommunizieren, dass sie füreinander sorgen, damit alle Bäume gut leben können. Die Bäume eines Waldes fühlen sich als Gemeinschaft, in der einer den anderen stützt. Wohlleben schreibt: »Jeder Baum ist also wertvoll für die Gemeinschaft und verdient es, so lange wie möglich erhalten zu werden. Daher unterstützt man sogar kranke Exemplare und versorgt sie mit Nährstoffen, bis es ihnen wieder besser geht. Beim nächsten Mal ist es vielleicht umgekehrt, und der Unterstützerbaum braucht seinerseits Hilfe.« (Wohlleben 11) Die Erfahrungen des Försters zeigen uns, dass die Sorge füreinander sicher nicht nur die Bäume, sondern wahrscheinlich viele Pflanzen und Ökosysteme prägt. Und nebenbei bemerkt könnte die Tatsache, dass dieses Buch DER Überraschungsbestseller der letzten Jahre ist, darauf hinweisen, dass wir auch ein wachsendes Bedürfnis nach Kooperation verspüren.

Die Sorge als Grundprinzip des Kosmos verlangt auch von uns Menschen ein sorgendes Verhalten gegenüber der Schöpfung. Noch einmal Leonard Boff: »Sorge ist ein liebendes und nicht aggressives Verhältnis zur Wirklichkeit. Sorge achtet aufmerksam auf die Lebensprozesse und kümmert sich um alle Seinsformen, damit diese weiterhin auf eine solche Weise an der Gemeinschaft des Lebens teilhaben können, dass keine ausgeschlossen oder in ihrem Leid allein gelassen ist.« (Ebd 325) Die Sorge ist immer schon geprägt durch Mitgefühl und Mitleid und letztlich durch Liebe. Es geht darum, in Liebe für den Kosmos zu sorgen. »Liebe ist die mächtigste Energie, die es im Menschen und im Universum gibt. Sie ist eine Kraft von unbezwingbarer Anziehung und Einheit.« (Ebd 325) Und dann beschreibt Boff, wie es konkret aussieht, wenn wir Menschen in Liebe Sorge tragen für die anderen Menschen, für die Tiere, die Pflanzen, ja für den ganzen Kosmos: »In Liebe Sorge tragen meint, sich mit dem entferntesten Stern, mit unserem Bruder Vogel und mit unserer SchwesterAmeise vereint zu fühlen und am Schicksal einer jeden Person auf diesem Planeten interessiert zu sein. In Liebe Sorge zu tragen meint, dazu imstande zu sein, aus dem innersten Herzen heraus zu erklären: ›Du bist für mich unendlich wichtig; du kannst nicht zu Unrecht leiden; du kannst nicht verschwinden; du musst leben.‹« (ebd 326)

Wir müssen uns um die Erde sorgen, wir müssen auch für sie sorgen, damit sie auch in Zukunft für den Menschen ein bewohnbarer Ort bleibt. Aber auch hier gibt es die beiden Arten von Sorgen. Die einen Menschen sind verunsichert, bekümmert, bang. Sie haben Angst um die Zukunft der Erde. Sie können deshalb kaum schlafen. Aber sie tun nichts, um eine gute Zukunft zu ermöglichen. Die Sorge muss sich aber auch in einem konkreten Verhalten der Schöpfung gegenüber ausdrücken. Sie soll ins Tun kommen, nicht in der Angst stehen bleiben. Wenn ich mir überlege, was ich selbst unternehmen kann, damit auch künftige Generationen gut auf der Erde leben können, dann wird die Sorge zu etwas Aktivem. Sie wird mich beflügeln, kreative Lösungen zu finden und mein eigenes Verhalten der Umwelt gegenüber zu verwandeln.

Ich werde nicht die ganze Welt retten können. Das muss ich auch nicht, das muss und kann keiner. Aber ich kann meinen Beitrag leisten, damit es um mich herum heiler werden kann. Ich kann zum Beispiel im Rahmen meiner Möglichkeiten überlegen, was ich dazu beitragen kann, damit weniger CO_2-Ausstoß erreicht wird. Ich kann mein Verhalten im Umgang mit dem Energieverbrauch bei der Heizung, beim Strom, beim Autofahren bzw. Zugfahren überprüfen und darauf vertrauen, dass mein Beispiel auch andere ansteckt und ein Bewusstsein schafft, wie die Öffentlichkeit mit dem Thema Umwelt umgeht. Diese Sorge für die Zukunft unseres Kosmos hat uns in der Abtei Münsterschwarzach zu unserem Ökoprojekt animiert. Inzwischen haben wir das Ziel erreicht, dass wir unsere gesamte Energie und sogar einen Überschuss (140 Prozent) aus regenerativen Quellen gewinnen und dadurch den CO_2-Ausstoß wesentlich reduziert haben.

Die Sorge für unsere Umwelt braucht ein spirituelles Fundament. Die moralisierende Forderung nach einem sorgsamen Umgang mit der Schöpfung motiviert die Menschen nicht genügend, um wirklich aktiv zu werden. Es braucht eine spirituelle

Beziehung zur Schöpfung, damit ich wirklich für sie sorge. Und die spirituelle Dimension besteht in der Liebe. Alles, was ist, ist von der Liebe durchdrungen. Und die Liebe, die selbst die Materie durchdringt, ist letztlich Gott, wie es Johannes in seinem ersten Brief formuliert hat: »Gott ist Liebe, und wer in der Liebe bleibt, bleibt in Gott, und Gott bleibt in ihm.« (1 Joh 4,16) Was ich liebe und womit ich mich in Liebe verbunden fühle, dafür sorge ich auch. Und diese Sorge, die aus der Liebe entspringt, braucht unsere Natur, damit wir *sorgsam* und *sorgfältig, für*sorgend und *vor*sorgend mit ihr umgehen.

Zur Liebe als Motivation für die Sorge um die Umwelt kommt noch das Spüren ihrer Schönheit hinzu. Liebe und Schönheit gehören für den Philosophen Platon immer zusammen. Ich liebe das Schöne. Und umgekehrt: Das Schöne weckt in mir die Liebe. Wenn ich die Schönheit der Schöpfung bewundere, dann werde ich auch gut mit ihr umgehen. Das deutsche Wort »schön« lässt sich von »schauen« ableiten. Was ich liebevoll anschaue, das ist schön. Das gilt auch bei mir selbst. Wenn ich mich liebevoll anschaue, bin ich schön. Und es gilt bei den anderen Menschen und mit Blick auf die Schöpfung. Es braucht den liebevollen Blick, dann entdecke ich in jedem Menschen seine Schönheit, und ich erkenne das Schöne in der Natur.

»Schön« hat sprachgeschichtlich aber auch etwas mit »schonen« zu tun. Schön ist das, was ich schone, was ich nicht besitzen und verändern will, sondern einfach lasse, wie es ist. Und umgekehrt gilt: Das Schöne regt mich an, es zu schonen. Es widerspricht unserem innersten Gefühl, das Schöne zu zerstören. Es will geschont werden.

Ritual

Setzen Sie sich einmal in einen Wald auf einen Baumstumpf und betrachten Sie die Bäume um sich herum. Spüren Sie den Geruch der Bäume, schauen Sie die Schönheit jedes Baumes an. Und stellen Sie sich vor, dass die Bäume alle miteinander verbunden sind und füreinander sorgen. Dann werden Sie im Baum eine Atmosphäre von Liebe spüren. Und stellen Sie sich vor, dass Sie Teil der Schöpfung, Teil der Natur, Teil des Waldes sind, dass Sie dazugehören. Der Wald bewertet Sie nicht. Er lässt Sie sein, wie Sie sind. Und vielleicht erahnen Sie dann auch, was Ihre Verantwortung für den Wald und für die gesamte Schöpfung ist. Damit Sie diesen heilenden Raum der Natur und die heilende Kraft ihrer Schönheit weiterhin erfahren können, braucht es die Sorge für die Schöpfung. Wenn Sie sich geborgen fühlen im Wald, müssen Sie sich nicht zu einem achtsamen Umgang zwingen. Sie werden von alleine achtsam und sorgfältig mit dem Wald und der Natur insgesamt umgehen.

Seelsorge

Das lateinische Wort für Sorge »cura« hat noch andere Bedeutungen. Es meint: Fürsorge, Pflege, Aufsicht. Im Deutschen wird die Kur von »cura« hergeleitet. Eine Kur ist ein Heilverfahren, das dazu dient, dass der Mensch wieder gesund wird und seine ursprüngliche Kraft erhält. »Curare« heißt dann eben auch pflegen und heilen. Im Deutschen kennen wir das Wort »kurieren« für heilen. Von diesem Wort leiten wir einige Fremdwörter ab. Wir sprechen etwa von einem Menschen, der akkurat arbeitet. Es kommt von »accurare = mit Sorgfalt tun«. Wer bestimmte Vollmachten in einem Unternehmen innehat, den nennen wir Prokurist. Er trägt Sorge, dass in der Firma alles gut läuft. Und wir sprechen in der Kirche vom »Kurat«. Gemeint ist damit ein Priester, der nicht als Pfarrer eine Pfarrei leitet, sondern reiner Seelsorger ist.

Seelsorger ist ein eigener Beruf. Wir bezeichnen Priester, Pastoralreferenten und Pastoralreferentinnen, Gemeindereferenten und Gemeindereferentinnen als Seelsorger und Seelsorgerinnen. Ihre Aufgabe ist es, für die Seele der Menschen zu sorgen. Früher hat man das sehr einseitig auf das jenseitige Seelenheil bezogen. Der Seelsorger soll dafür sorgen, dass die Seele in den Himmel kommt. Heute verstehen wir unter Seelsorge, dass wir für die Seele sorgen, dass der Mensch nicht nur im Äußeren lebt, sondern mit seiner Seele in Berührung ist, dass es seiner Seele gut geht. Der Seele geht es gut, wenn sie zur Ruhe kommt, wenn sie still wird, um auf die inneren Impulse hören zu können, die Gott unserer Seele eingibt. Der Seele tut es gut, zu beten. Beten wurde in der Tradition als Atmen der Seele bezeichnet. Im Beten atmet die Seele auf, da wird sie lebendig. Im Beten spürt der Mensch, dass er in Berührung kommt mit seinem Inneren und dass er offen wird für Gott. Die Seele ist die Offenheit Gott gegenüber.

Beten heißt für mich zum einen, dass ich alles, was in mir ist und was an Gedanken und Gefühlen, an Bildern und Leidenschaften in mir auftaucht, Gott hinhalte, damit alles in mir von Gottes Geist durchdrungen wird. Gebet ist also Begegnung mit Gott. Und indem ich Gott begegne, begegne ich auch meiner eigenen Wahrheit. Beten heißt für mich aber auch, dass ich durch das innere Chaos meiner Seele in den Grund der Seele gelange. Dort ist es ruhig und still. Da wohnt Gott selbst in mir. Ich kann diesen Gott in mir nicht immer spüren. Aber allein die Vorstellung, dass da auf dem Grund meiner Seele Gott wohnt, verwandelt mich. Denn ich weiß, in diesen Grund der Seele kann der Lärm dieser Welt und können die Probleme, die mich bedrängen, nicht eindringen. Da bin ich frei. Da finde ich Zuflucht mitten im Trubel der Welt. Beten ist also für mich der Weg, mit dem Grund meiner Seele in Berührung zu kommen.

Seelsorge heißt auch, für die kranke Seele sorgen. In der Seelsorge erzählen uns die Menschen oft von ihren Verletzungen und Kränkungen. Der Seelsorger ist kein Therapeut. Aber auch die Seelsorge kennt viele Wege, mit den Kränkungen der Vergangenheit umzugehen. Da ist einmal der Weg der Versöhnung.

Ich muss mich aussöhnen mit den Wunden, die mir das Leben zugefügt hat. Zur Aussöhnung mit meinen Wunden gehört auch die Vergebung. Ich kann mich mit meinen Verletzungen nur annehmen, wenn ich denen, die mich verletzt haben, vergebe. Vergeben heißt nicht, dass ich denen, die mich gekränkt haben, gleich um den Hals falle. Es heißt zuerst einmal: *Weggeben*, sich befreien von der destruktiven Macht, die durch die Kränkung noch in mir ist, und sich befreien von der Macht des Verletzers.

Denn wenn ich nicht vergebe, bleibe ich gebunden an den, der mich verletzt hat. Ich kreise ständig um ihn, wie gemein er ist. Vergeben heißt also: weggeben. Im Lateinischen heißt es: dimittere, wegschicken, entlassen. Und dann geht es auf dem spirituellen Weg darum, die Wunden in Perlen zu verwandeln. So nennt Hildegard von Bingen die Kunst menschlicher Selbstwerdung. Dort, wo ich verletzt worden bin, bin ich auch aufgebrochen worden, um mich auf die Suche nach meinem wahren Selbst zu machen. Und ich bin sensibel geworden für die Wunden anderer Menschen. Meine Wunde kann zu meiner Fähigkeit werden. Die alten Griechen wussten, dass nur der verwundete Arzt wirklich zu heilen vermag.

Ich führe viele Seelsorgegespräche. Seelsorge heißt für mich, dass ich gut auf die Seele des anderen höre. Ich höre nicht nur auf seine Worte, sondern auf seine Stimme, auf seinen Leib, auf die Atmosphäre, die von ihm ausgeht. All das sagt etwas aus über seine Seele. Seelsorge heißt für mich nicht, dass ich dem anderen Ratschläge gebe, sondern dass ich erst einmal genau hinhöre, was er oder sie sagen möchte. Und dann frage ich nach.

Das Fragen ist zum einen eine Wertschätzung des Gesprächspartners. Ich interessiere mich für ihn. Wie eingangs gesagt, hängt das deutsche Wort »Frage« eng mit »Furche« zusammen. Indem ich eine Frage stelle, grabe ich eine Furche in den Acker des anderen. Die Furche ist die Bedingung, dass im Acker der Seele etwas aufgehen und heranreifen kann. Ich frage den anderen, damit er noch mehr erklärt von dem, was er erlebt und was ihn verletzt hat. Das Fragen ermöglicht dem Gesprächspartner, sich selbst besser kennenzulernen. Aber ich frage nicht nur nach den Verletzungen und all seinen Auswirkungen auf seine Seele. Ich frage auch, was ihm hilft, mit diesen Verletzungen umzugehen. Ich gebe keine Ratschläge, sondern locke ihn mit den Fragen heraus, nach der Weisheit der eigenen Seele zu suchen.

In jedem von uns steckt diese Weisheit der Seele. Oft drückt sie sich aus in spontanen Reaktionen des Kindes. Das Kind hat nicht nur Verletzungen erfahren. Es hat auch selbst Strategien entwickelt, wie es auf die Verletzungen reagiert. Und es hat für sich heilende Orte gefunden, an die es sich zurückziehen konnte. Ich locke aus dem Gesprächspartner diese heilenden Erfahrungen der Kindheit hervor. Denn in ihnen kommen die Menschen in Berührung mit der heilenden Kraft, die in ihrer Seele steckt.

Ein Beispiel: Eine Frau hatte als Vater einen Alkoholiker. Wenn er heimkam, brüllte er herum. Man konnte ihm nichts recht machen. Diese Frau ging als Kind – etwa mit 3 oder 4 Jahren – immer, wenn der Vater willkürlich herumbrüllte, in den Garten. Dort hatte ihr Großvater einen Schwan aus Holz gebastelt. Auf den setzte sich das kleine Mädchen und fing an zu singen. Das war eine wunderbare Form der Selbsttherapie. Sie kam im Singen in Berührung mit sich selbst, mit der inneren Freude, die sie sich von ihrem Vater nicht nehmen ließ. Sie setzte sich auf den Schwan. Der Schwan als stolzes Tier brachte sie in Berührung mit ihrer eigenen Kraft und Würde. Und der Schwan, der fliegen kann, beflügelte ihre Seele. Der Schwan gilt in der Mythologie als Bild der Schönheit und des Geistes. Das kleine Mädchen kam mit ihrer eigenen Schönheit in Berührung, die sie sich von den verletzenden Worten des Vaters nicht nehmen ließ. Und sie spürte im Singen auf dem Schwan den Geist, der sie befreit vom Ungeist des aggressiven Vaters.

Wenn die Frau nun auf ihre Probleme als Erwachsene ähnlich reagiert wie das kleine Mädchen, dann hat sie in sich eine Art von Selbsttherapie. Natürlich muss die Frau sich nicht auf einen Schwan setzen. Aber das innere Bild ist schon heilend. Es bringt sie in Berührung mit ihrer eigenen Kraft und mit dem Geist, in dem sie sich erheben kann über das, was sie gerade bedrängt. Und sie könnte für sich singen, um sich im Singen selbst zu spüren und sich vor den verletzenden Menschen um sie herum zu schützen.

Wenn ich jemanden seelsorglich begleite, so begleite ich ihn immer in der Hoffnung, dass seine Wunden in Perlen verwandelt werden können. Natürlich weiß ich, dass das oft lange dauert. Aber ich kann für seine Seele nur sorgen, wenn ich voller Hoffnung bin, dass die heilende Kraft seiner Seele sich durchsetzen wird und dass Gott selbst seine Wunden in Perlen verwandelt. Dazu ist es nötig, sich auszusöhnen mit seinen Wunden und sie dann in einem anderen Licht zu sehen. Die Wunde hat mich aufgebrochen für mein innerstes Selbst, für den Grund meiner Seele. Und die Wunde befähigt mich, andere verwundete Menschen besser zu verstehen und zu begleiten. Und die Wunde hält mich lebendig. Ich bleibe nicht an der Oberfläche. Ich funktioniere nicht nur. Die Wunde zwingt mich, mit meiner Seele in Berührung zu kommen. Und so kann ich auch die Seele anderer Menschen berühren.

Wer ein guter Seelsorger für andere sein möchte, muss auch gut für seine eigene Seele sorgen. Er muss auf seine Seele hören, was sie ihm sagt. Seine Seele hat Bedürfnisse, etwa das Bedürfnis nach Stille, das Bedürfnis, beachtet zu werden. Die Seele regt sich in inneren Impulsen. Sie reagiert mit Gefühlen von Aggression oder Empfindlichkeit, wenn ich zu wenig auf meine Seele achte. Wenn ich mir zu viel Arbeit aufbürde, unabhängig davon, was meine Seele dazu sagt. Wer sich für andere verausgabt, schadet seiner eigenen Seele. Und wer seiner eigenen Seele schadet, dessen Sorge für andere wird nicht vom Segen Gottes erfüllt sein.

Vor 26 Jahren haben wir in der Abtei Münsterschwarzach das Recollectio-Haus eingerichtet. Es ist für Priester und Seelsorger und Seelsorgerinnen gedacht, die in ihrer Seelsorge erschöpft sind, die zu wenig auf ihre Seele geachtet haben. In den zwölf Wochen, in denen die Männer und Frauen im Recollectio-Haus sind, lernen sie, für ihre eigene Seele zu sorgen. Ich gebe den Seelsorgern und Seelsorgerinnen, die erschöpft sind, oft die biblische Geschichte von der blutflüssigen Frau zur Meditation (Mk 5,21-43). Es ist eine Doppelgeschichte. Da ist ein Mädchen, das zwölf Jahre alt ist, die Tochter des Synagogenvorstehers Jaïrus. Sie ist krank und stirbt sogar, während Jesus auf dem Weg zu ihr ist. Man könnte sagen, das Mädchen wird vom Vater nicht gesehen, der vor lauter Kümmern um Gemeinde und Synagoge seine eigene Tochter übersieht. Das Übersehenwerden lässt sie nicht leben.

Die blutflüssige Frau, die seit zwölf Jahren an Blutfluss leidet, zeigt, wie es einer erwachsenen Frau geht, die vom Vater zu wenig gesehen worden ist. Sie verliert ihr ganzes Blut. Sie gibt alles her, damit sie endlich von den Menschen wahrgenommen wird, aber sie wird immer schwächer dabei. Sie gibt sogar ihr ganzes Vermögen an die Ärzte, damit sie wenigstens von ihnen gesehen wird. Aber es wird noch schlimmer mit ihr. In ihrer Not wendet sie sich an Jesus. Sie hat nichts mehr zu geben. So beginnt der Weg der Heilung damit, dass sie sich etwas nimmt. Sie nimmt sich den Zipfel vom Gewand Jesu, noch heimlich. Doch dann muss sie Jesus ihre ganze Wahrheit sagen. Und jetzt erfährt sie, dass sie wirklich gesehen wird. Jesus sagt zu ihr: »Meine Tochter, dein Glaube hat dir geholfen. Geh in Frieden! Du sollst von deinem Leiden geheilt sein.« (Mk 5,34)

Viele Seelsorger und Seelsorgerinnen haben auch ganz viel gegeben. Aber sie selbst wurden immer schwächer dabei. Ein Therapeut in unserem Team meint: »Wer viel gibt, der braucht auch viel.« Das trifft auf die blutflüssige Frau zu. Sie hat viel gegeben, weil sie viel Zuwendung gebraucht hat. Und es stimmt auch für viele Priester und Seelsorgerinnen. Sie haben viel gegeben, weil sie selbst Bestätigung, Anerkennung und Zuwendung brauchten. Doch wenn ich gebe, weil ich brauche, komme ich immer zu kurz, dann bekomme ich nie genug. Ich kann nur geben, wenn ich selbst empfangen habe. Dann bekomme ich auch etwas zurück. Aber ich gebe nicht, damit ich etwas bekomme, sondern um das, was ich empfangen habe, weiterzugeben. Die blutflüssige Frau hat sich etwas genommen. Und da hat sie etwas von Jesus bekommen. Sie hat Liebe erlebt. Jetzt kann sie auf andere Weise geben. Wir brauchen immer beides: Nehmen und Geben. Wer nur nimmt, der verschluckt sich daran. Wer nur gibt, der verausgabt sich.

Viele, die viel geben, achten nicht auf ihre Seele. Sie geben viel, weil sie bedürftig sind. Sie sind bedürftig nach Anerkennung, nach Bestätigung, nach Erfolg. Aber sie geben ihre Bedürftigkeit nicht zu. Sie tun so, als ob sie begnadete Seelsorger sind. Doch wenn sie ihre eigene Seele vernachlässigen, werden sie die Menschen brauchen, für die sie sorgen. Sie sagen nach außen, sie würden so viel arbeiten, weil die Menschen sie brauchen. Aber in Wirklichkeit brauchen sie die Menschen, um sich selbst gut zu fühlen. Aber wenn der Seelsorger die Menschen braucht, für die er sorgt, dann tut er ihnen nicht gut. Die Menschen spüren, dass seine Sorge nicht wirklich stimmig ist. Sie haben das Gefühl, dass ihnen die Sorge aufgedrängt wird. Wer die Menschen braucht, für die er sorgt, wird sie auch kleinhalten. Die gute Sorge macht sich selbst irgendwann überflüssig. Ich sorge für den anderen, damit er nun für sich selbst sorgen kann, damit er selbständig seinen Weg gehen wird. Aber wenn ich Menschen brauche, für die ich sorgen kann, dann werde ich sie immer in der Abhängigkeit halten. Sonst fühle ich mich ja auf einmal nicht mehr gebraucht.

Jesus selbst hat gut für sich gesorgt. Er hat sich ganz für die Menschen hingegeben. Markus berichtet sogar, dass Jesus und seine Jünger nicht einmal Zeit zum Essen fanden. Aber gerade deshalb lädt Jesus seine Jünger ein mit den Worten: »Kommt mit an einen einsamen Ort, wo wir allein sind, und ruht ein wenig aus.« (Mk 6,31) Aber bei Markus hat Jesus mit dieser Aufforderung keinen Erfolg. Denn als er aus dem Boot aussteigt, um sich mit seinen Jüngern auszuruhen, sind ihm schon viele Menschen zu Fuß zuvorgekommen. Als Jesus »die vielen Menschen sah, hatte er Mitleid mit ihnen, denn sie waren wie Schafe, die keinen Hirten haben«. (Mk 6,34) Und so wendet sich Jesus voller Mitleid diesen Menschen zu. Er verzichtet auf die Ruhe, auf die er sich gefreut hatte.

Der Evangelist Lukas erzählt öfter davon, dass Jesus sich zu-rückgezogen hat, um zu beten. Und dabei hat ihn niemand ge-stört. So heißt es nach einigen Krankenheilungen: »In diesen Tagen ging Jesus auf einen Berg, um zu beten. Und er verbrachte die ganze Nacht im Gebet zu Gott.« (Lk 6,12) Nach dieser Zeit, die er für sich hatte, rief er dann seine Jünger zu sich und wählte aus ihnen die zwölf Apostel aus. Nach dieser Nacht auf dem Berg, als Jesus ganz bei sich und bei Gott war, geht er in die Ebene. Und da wird er von Menschen umringt, die von ihm geheilt werden möchten. Jesus steht auch hier in der Spannung zwischen der Zeit, die er für sich reserviert, und der Zeit, in der er ganz für die Menschen da ist. Aber beim Evangelisten Lukas gelingt es Jesus besser, sich bei allem Trubel und allen Anforde-rungen von außen doch auch Zeit für sich zu reservieren. Diese Zeit der Einsamkeit und Stille war die Zeit, da er für sich sorgte, um dann mit schier unendlicher Kraft für die Menschen sorgen zu können.

Seele wird heute nicht nur im theologischen oder spirituellen Sinn gebraucht. Wir sprechen auch vom Psychologen und Psy-chotherapeuten, der die Seele erforscht und die Seele zu be-handeln versucht. Und wir sprechen von seelischen Krankhei-ten, für die der Psychotherapeut zuständig ist. Das griechische *therapeuein* heißt ursprünglich nicht heilen, sondern dienen und pflegen. Der Therapeut dient der Seele und behandelt sie, damit sie gesund wird. Der Therapeut hat nicht den Anspruch, kranke Seelen zu heilen. Er begleitet sie, damit sie besser mit sich um-gehen können. Er sorgt für sie, er hilft ihnen dabei, ihre eigenen seelischen Krankheiten zu erkennen und Wege zu finden, damit angemessen umzugehen. Der Therapeut sorgt sich um die Seele der Menschen, damit die Seele so wird, wie es ihrem Wesen entspricht. Wir kennen aber nicht nur Psychotherapeuten, sondern auch Physiotherapeuten, die mit dem Leib arbeiten, damit der Leib gesund wird. Denn oft genug drücken sich seelische Probleme auch im Leib aus und umgekehrt: Verspannungen im Leib tun der Seele nicht gut.

Wir überlassen die Seelsorge heute häufig den professionellen Seelsorgern, den Priestern, hauptamtlichen Seelsorgern und den Therapeuten. Manchmal auch selbsternannten Coaches und Beratern. Aber was die Seelsorge meint, das bezieht sich auf uns alle. Wir sollen dafür Sorge tragen, dass es der Seele unseres Ehepartners, der Seele des Kindes, der Seele des Kollegen, der Seele des Freundes gut geht. Die Frage ist, wie wir das machen sollen. Der erste Schritt einer alltäglichen Seelsorge besteht darin, erst einmal auf die Seele des anderen zu hören. Wir sollen ein Gespür dafür entwickeln, wie es ihm geht, wie er sich gerade fühlt, was da in seiner Seele vor sich geht, was ihn bewegt und belastet.

Ich höre immer wieder, wie Ehepartner nur noch äußerlich über ihre Termine und die gemeinsamen Aufgaben sprechen, aber im Gespräch nicht mehr mit der Seele des Partners in Berührung kommen. Ich komme nur in Berührung mit meinem Gegenüber, wenn ich auf seine Seele höre, wenn ich hinter seinen Worten die Stimmung erahne. Manchmal spürt man hinter den Worten über die Termine, dass die Worte leer sind, nicht mehr beseelt, dass da eine tiefe Enttäuschung mitschwingt oder Traurigkeit und Bitterkeit. Auf diese Signale zu achten, ist ein wichtiger Schritt der alltäglichen Seelsorge.

Der zweite Schritt ist, im Gespräch mit der Seele des anderen in Berührung zu kommen. Das gelingt nur, wenn wir nicht bloß

»reden«, über alles Mögliche reden, sondern wenn wir »sprechen«. Sprechen kommt von »bersten«. Es bricht aus mir heraus. Sprechen meint immer ein Sprechen aus dem Herzen heraus, aus der Seele heraus. Es ist ein beseeltes Sprechen, das in Berührung mit der Seele ist. Nur so ein beseeltes Sprechen wird auch die Seele des anderen Menschen erreichen.

Der dritte Schritt ist dann, im Gespräch zu erkennen, woran die Seele des anderen leidet. Und dann könnten wir gemeinsam schauen, was seiner Seele gut tut. Dabei würde ich nicht gleich irgendwelche Ratschläge geben. Ich würde immer erst fragen: »Was brauchst du? Was täte dir gut? Wonach sehnst du dich? Was könnte dir helfen?« Mit solchen Fragen wecke ich die heilenden Kräfte, die in jeder Seele stecken. Und ich achte die Würde des anderen. Ich stelle mich nicht als Ratgeber über den anderen. Vielmehr bin ich im Gespräch auf Augenhöhe mit dem anderen. Im Gespräch entdecken wir gemeinsam, was die Seele des anderen braucht.

Was ich hier vor allem über die Seelsorge für den Ehepartner geschrieben habe, gilt natürlich auch für die Seelsorge an den Kindern und an den Kollegen. Bei den Kindern würde die Seelsorge auch darin bestehen, dass ich mir Zeit nehme, meine Kinder zu meditieren. Ich versuche mich, in das Kind hineinzufühlen. Was bewegt es? Was braucht es? Wo zeigt sich in ihm Lebendigkeit, Fröhlichkeit? Wo lebt es auf? Wo kommt es mit sich in Berührung? Und wo spüre ich Traurigkeit? Wo zieht sich das Kind auf sich selbst zurück? Wovor hat es Angst? Was drückt sein Leib aus? Seelsorge braucht immer auch Zeit und Stille, um über das rein Äußere hinwegzukommen und die Seele des anderen zu spüren.

In Gesprächen erzählen Erwachsene häufig von ihrer eigenen Kindheit. Da höre ich oft: Die Eltern haben gut für uns Kinder gesorgt. Wir durften studieren. Sie haben dafür gesorgt, dass wir genug zu essen und zum Anziehen hatten. Das äußere Versorgen war in Ordnung. Aber um unsere Seelen haben sie sich nicht gekümmert. Wir konnten nicht zu ihnen kommen, um mit ihnen zu sprechen. Das hätten wir uns gar nicht getraut. Ihre Ausstrahlung war so, dass sie mit unseren inneren Problemen nichts zu tun haben wollten. Hauptsache, es klappt nach außen hin alles, wir bringen gute Noten heim, wir machen in der Schule den Eltern keinen Kummer, indem wir den Lehrern durch unser Verhalten auffallen.

Da spüre ich oft die Sehnsucht heraus, die diese Erwachsene als Kinder hatten. Sie hätten sich danach gesehnt, mit ihrer Seele ernst genommen zu werden. Sie hätten sich danach gesehnt, dass die Eltern sich für ihre Seele interessierten, für ihre Ideen und Gedanken, für ihre Gefühle und für ihre Sehnsüchte. Sie hätten gerne mit ihren Eltern über ihre Seele gesprochen. Aber sie hatten den Eindruck, dass die Eltern gar nicht mit ihrer eigenen Seele in Berührung waren.

Viele Arbeitskollegen ziehen sich in der Arbeit auf ihre Aufgaben zurück. Sie wollen ihre Seele gar nicht zeigen. Manche haben Angst davor, sie würden verletzt werden, wenn sie das zum Ausdruck bringen, was ihre Seele fühlt. Andere Kollegen dagegen möchten nicht einfach so nebeneinander herleben. Immerhin ist die Arbeitszeit ja doch ein großer Teil unseres Lebens. Und wenn wir täglich sieben bis acht Stunden miteinander verbringen, dann wäre es gut, wenn wir uns dabei auch als Menschen begegnen, die eine Seele haben, wenn wir mit unserer Seele einander berühren würden.

Auch da ist es gut, hinter dem Kollegen nicht nur den zu sehen, der seine Arbeit macht. Sondern sich zu fragen, was ihn bewegt, was er gerade braucht, was ihn lebendig macht, was seine Seele zum Blühen bringt. Natürlich kann man nicht täglich bei der Arbeit die seelischen Probleme austauschen. Aber wir können sensibel sein, wo wir den Mitmenschen – den Mit-Arbeiter – gelegentlich auf seine Stimmung hin ansprechen und fragen, wie es ihm wirklich geht. Und wenn er äußert, alles sei gut, wir aber wahrnehmen, dass es ihm nicht gut geht, dann sollten wir ihm auch unser Gefühl offenbaren. Wir haben das Gefühl, dass es ihm nicht so gut geht. Wir spüren seine innere Unruhe. Aber wir sollen nicht in ihn eindringen. Wir lassen ihm die Freiheit, ob er etwas von seiner Seele zeigen möchte.

Ein guter Weg, mit der Seele des anderen in Berührung zu kommen, sind die Rituale. Das gilt für die Rituale in der Familie. Jede Familie feiert den Geburtstag der Eltern und der Kinder. Man kann das entweder nur äußerlich feiern. Oder man kann die Rituale zum Ort machen, Gefühle zu äußern, die sonst nie geäußert werden. Beim Geburtstag sage ich die Worte, die ich sonst nicht auszusprechen wage, weil sie vielleicht zu persönlich klingen. Aber wenn wir beim Geburtstagsritual persönliche Worte aussprechen, tut es der Seele des anderen gut. Und Rituale schaffen eine Familienidentität. Man fühlt sich in seiner Seele mit der Seele seiner Kinder, seiner Eltern, seiner Geschwister, seiner Großeltern oder Enkel, seiner Tanten und Onkel verbunden.

Wir haben in unserer Familie immer den Geburtstag meiner Mutter gemeinsam gefeiert, bis zu ihrem Tod mit 91 Jahren. Das war eine gute Gelegenheit, dass alle Geschwister sich treffen.

Meine Geschwister brachten Kuchen und Speisen für das Buffet mit. Ich hatte immer die Aufgabe, eine kleine Ansprache zu halten. Aber dann spürte ich, dass ich nicht immer das Gleiche sagen möchte. So dachte ich mir jedes Jahr ein Ritual aus. In einem Jahr bat ich meine Geschwister, meiner Mutter ein Kreuz in ihre Hände zu zeichnen und dabei einen Wunsch auszusprechen. Durch so ein Ritual entsteht eine viel größere Nähe als durch eine Ansprache. Das ist die Chance der Rituale, dass dort Gefühle ausgedrückt werden, die sonst im Alltag nicht zum Ausdruck kommen. Und alle hatten nach der Feier das Gefühl: Es war eine schöne Feier.

Auch in der Firma ist es gut, bei Geburtstagsritualen persönliche Worte auszudrücken. Das führt dazu, dass sich die Kollegen als eine Gemeinschaft fühlen. Sie fühlen sich miteinander in ihrer Seele verbunden. Man weiß, dass Firmen, die Rituale feiern, eine höhere Leistung aufweisen. Denn Rituale verbinden die Mitarbeiter miteinander und schaffen eine eigene Firmenidentität. Ein Abteilungsleiter von lauter Ingenieuren erzählte mir vom 50. Geburtstag seiner Sekretärin. Die Ingenieure dieser Abteilung setzten sich zusammen und überlegten, womit sie der Sekretärin eine Freude machen könnten. Sie kamen auf die Idee, eine Collage zu basteln mit vielen Bildern von der Sekretärin. Als sie ihr diese Collage überreichten, war sie zu Tränen gerührt. Sie fühlte sich wertgeschätzt, gesehen. Ihre Kolleginnen und Kollegen hatten sich Mühe gemacht und Zeit für sie investiert. Und sie hatten sich in sie hineingedacht. Das wirkte mehr als ein teures Essen im Restaurant. Und es verwandelte die Zusammenarbeit im Team.

Ritual

Überlegen Sie, wie Sie den nächsten Geburtstag in Ihrer Familie oder wie Sie die nächste Familienfeier gestalten wollen. Ich möchte nur ein paar Anregungen geben.

- Nehmen Sie eine größere Zimmerpflanze oder einen kleinen Baum und hängen an sie Segenswünsche und gute Gedanken dran, die die Teilnehmer vorher geschrieben haben. Wenn die Teilnehmer es möchten, kann jeder auch seinen aufgeschriebenen Wunsch vorher vorlesen und dann an den Baum hängen. Oder Sie übergeben dem Geburtstagskind den behangenen Baum. Und einer von Ihnen liest einige der Wünsche vor.

- Besorgen Sie sich Engelkarten. Sie können gerne aus meinem Buch »50 Engel für das Jahr« einige Engel aussuchen, wie den Engel des Vertrauens, den Engel der Gelassenheit, den Engel der Achtsamkeit usw. Und dann lassen Sie die Teilnehmer der Feier einen Engel ziehen. Und jeder liest ihn dann vor.

- Beim Geburtstag des Vaters oder der Mutter laden Sie jeden Teilnehmer ein, zu erzählen, was er vom Vater/ von der Mutter gelernt hat, wofür er dankbar ist. Auch das schafft eine Atmosphäre der Nähe. Und es tut den Eltern gut.
- Besorgen Sie sich einige Segenskarten – auch ich habe schon welche geschrieben, die ich auch selbst verwende. Und dann lassen Sie das Geburtstagskind eine Segenskarte ziehen und vorlesen. Auch dadurch kommt eine andere Stimmung in die Feier. Wer will, kann dann zu diesem Segenswunsch anmerken, was er in ihm auslöst.

Sorge und Gebet

Gerade wenn die Eltern sich um ihre Kinder Sorgen machen, ist es angemessen, diese Sorgen im Gebet vor Gott zu bringen. Das Gebet ist keine Verweigerung, selbst für die Kinder zu sorgen. Aber wir erkennen, dass wir in unserer Sorge für die Kinder immer auch begrenzt sind. Wir können tun, was in unserer Macht steht. Aber wenn wir uns dann Sorgen machen, ob sie sich gut entwickeln, ob sie den richtigen Partner finden, ob sie im Beruf glücklich werden, ob ihnen nichts Ungutes zustößt, dann können wir diese Sorgen kaum in sinnvolle Aktion einfließen lassen. Unser Tun stößt da an Grenzen.

Dann ist es sinnvoll, diese Sorgen im Gebet Gott hinzuhalten. Wir sollen dann vertrauen, dass Gottes Segen die Kinder begleitet, dass Gottes Segen über ihrer Entwicklung steht, dass Gottes Segen sie den richtigen Partner und Beruf finden lässt. Das Gebet entlastet die Eltern in ihren Sorgen. Anstatt die Sorgen zu quälenden Sorgen werden zu lassen, bringen sie ihre Sorgen im Gebet vor Gott. Und sie vertrauen darauf, dass Gott für ihre Kinder sorgt. Wenn die Eltern ihre Sorgen im Gebet Gott hinhalten, so wächst in ihnen die Hoffnung für ihre Kinder. Und diese Hoffnung lässt sie den Kindern anders begegnen. Die Kinder spüren, wenn die Eltern voller Sorgen um sie sind, wenn die Eltern ängstlich sind, was aus ihnen werden möge.

Diese ängstlichen Sorgen sind für das Kind nicht hilfreich. Im Gegenteil, sie lähmen das Kind. Das Kind traut sich selbst nichts mehr zu. Es übernimmt die Angst der Eltern und wird selbst ängstlich. Oder es erlebt die Sorgen der Eltern als Druck, der auf sie ausgeübt wird.

Daher ist das Gebet ein wichtiger Weg, mit den Sorgen um die Kinder umzugehen. Das Gebet zeigt mir, wo ich selbst aktiv werden soll in meiner Fürsorge für die Kinder und wo ich die Sorgen Gott übergeben muss, damit Gottes Segen über den Kindern ruht. Und das Gebet weckt in mir die Hoffnung für die Kinder. Und wenn ich mit dieser Hoffnung den Kindern begegne, ist das die beste Sorge, die ich den Kindern angedeihen lassen kann.

Wenn ich ihnen dagegen nur mit meiner furchtsamen Sorge begegne, wecke ich in ihnen die gleichen quälenden Ängste. Und die Kinder werden sich nicht so gut entfalten können. Allerdings darf das Gebet für die Kinder nicht zu einem Gebet gegen sie werden. Wenn ich z.B. bete, dass der Sohn endlich einsieht, dass ich recht habe, dann ist es ein Gebet *gegen* ihn. Ein Gebet *für* ihn würde bedeuten, dass ich dafür bete, dass er ganz zu sich selbst findet, dass er in Einklang kommt mit sich und seinem Leben. Ich lasse im Gebet meine eigenen Wünsche los und empfehle den Sohn dem Segen Gottes. Gott möge seine Hand über ihn halten.

Dass wir unsere Sorgen auf Gott werfen sollen, dazu lädt uns schon der Psalmist ein: »Wirf deine Sorgen auf den Herrn. Er hält dich aufrecht!« (Ps 55,23) Die Sorgen, die uns quälen und uns den Schlaf rauben, sollen wir auf Gott werfen. Dann können wir aufrecht stehen. Dann fallen die Sorgen wie eine Last, die uns niederdrückt, von uns ab und wir richten uns auf und gehen voller Vertrauen unseren Weg. Der erste Petrusbrief übernimmt diese Bitte des Psalms, aber er legt sie auf seine Weise aus: »Werft alle eure Sorge auf ihn, denn er kümmert sich um euch.« (1 Petr 5,7) Norbert Brox übersetzt die zweite Hälfte dieses Verses: »denn er hat ein Herz für euch. Er lässt es sich zu Herzen gehen«. Wir dürfen beim Beten vertrauen, dass wir das Herz Gottes erreichen. Und Gott hat ein Herz für uns. Er kümmert sich um uns, er sorgt für uns. So befreit uns das Werfen der Sorgen auf Gott vom Kreisen um unsere eigenen Sorgen. In uns wächst das Vertrauen, dass Gott für uns sorgt. Das lässt uns aufrecht und in Vertrauen unseren Weg gehen.

Paulus hat eine ähnliche Erfahrung mit den Sorgen gemacht, die man im Gebet vor Gott bringt. Im Philipperbrief schreibt er: »Sorgt euch um nichts, sondern bringt in jeder Lage betend und flehend eure Bitten mit Dank vor Gott!« (Phil 4,6) Paulus spricht hier alle möglichen Sorgen (*mérimnai*) an, die Sorgen um den Lebensunterhalt, die Sorge, ob Paulus lebend aus dem Gefängnis heraus kommt, aus dem er den Brief an die Philipper schreibt, und die Sorge um die Entwicklung in der Gemeinde, ob sie im Glauben feststeht und ob sie in Gemeinschaft verbunden bleibt. Um all das sollen wir uns nicht sorgen, sondern in jeder Situation, in der wir uns sorgen, sollen wir unsere Bitten und unser Gebet zugleich mit Danksagung vor Gott bringen.

Paulus beschreibt unser Gebet aus unseren Sorgen heraus mit vier Begriffen: 1. *en panti*, das meint in jeder Situation, auch in jeder Gemütslage, in allem, was uns bewegt, sollen wir zum Gebet greifen. 2. *proseuche*. Es ist das Beten zu Gott. Ich kreise nicht um mich, sondern ich schaue auf Gott. Ihm halte ich alles hin. Ich bin in meinen Sorgen immer schon in Beziehung zu Gott.

Beten meint eine persönliche Beziehung zu Gott, nicht ein Kreisen um sich selbst. 3. *deesis*. Das meint mehr das Flehen und Bitten. Darin besteht die Gefahr, dass ich nur in meinen Sorgen hängen bleibe. Das Flehen befreit mich nur dann von meinen Sorgen, wenn es in Beziehung zu Gott geschieht. 4. *metá eucharistías* = mit Danksagung. Sie befreit uns aus der Gefahr, im Flehen nur um uns selbst zu kreisen. Nur wenn unser Beten und Flehen mit Danksagung und Dankbarkeit verbunden ist, löst es unsere Sorgen auf. In der Danksagung nehmen wir schon die Erfüllung der Bitte durch Gott vorweg.

Die Spannung zwischen Beten, Flehen und Danksagung verstehe ich so: Indem wir unsere Sorgen bittend und dankend vor Gott bringen, bekommen wir schon Abstand zu unseren Sorgen. Im Flehen kreisen wir manchmal nur um uns selbst. Im Danken sind wir immer schon bei Gott. Denn ich kann nur einer Person danken. Danken meint aber noch etwas anderes: Im Danken nehmen wir schon voraus, dass Gott unsere Bitten hört und erhört. Und indem wir unsere Sorgen vor Gott bringen, wächst in uns schon die Dankbarkeit darüber, dass wir nicht alleingelassen sind mit unseren Sorgen. Dass wir alles, was uns bewegt, vor Gott bringen dürfen und dass wir auf Gottes Hilfe vertrauen können.

Wenn wir diese Stelle auf das Gebet für die Kinder oder für kranke Eltern oder gefährdete Kollegen übertragen, dann heißt das für mich: Indem ich meine Sorgen um die Kinder vor Gott bringe, bekomme ich einen anderen Blick für meine Kinder. Ich sehe nicht sorgenvoll auf sie, sondern dankbar. Und in der Dankbarkeit erkenne ich, was mir Gott in diesem Kind, in meinen kranken Eltern, in meinem Kollegen geschenkt hat. Das Gebet verwandelt die Sorge in Dankbarkeit. Es gibt auch Menschen, die tragen ihre Sorgen vor Gott. Aber sie bleiben in ihren Sorgen hängen. Ihr Gebet ist nur eine neue Weise des ängstlichen Grübelns. Das wahre Gebet, das Paulus hier im Blick hat, ist ein Gebet, das meine Sorgen verwandelt. Indem ich sie Gott hinhalte, wächst in mir schon die Dankbarkeit. Es ist einmal die Dankbarkeit, dass Gott mich mit meinen Sorgen nicht allein lässt, dass ich mich in allen Situationen an ihn wenden darf. Und zum anderen ist es die Dankbarkeit für die Menschen, für die ich bete, für die Kinder, die Eltern, die Kollegen, die Menschen in Not.

Die Dankbarkeit ist die Kraft, mein Leben zu verwandeln. Wenn wir dankbar auf unser Leben schauen, wandelt sich unsere Stimmung. Unsere quälenden Sorgen verwandeln sich in eine Haltung des Friedens und der Freude. Bruder David Steindl-Rast sagt: »Ich bin nicht dankbar, weil ich glücklich bin, sondern ich bin glücklich, weil ich dankbar bin.« Das bedeutet: Die Dankbarkeit verwandelt meine Stimmung. Sie erzeugt Vertrauen und inneren Frieden. Sie bedeutet, dass ich einverstanden bin mit meinem Leben so, wie es ist.

Ritual

Beten Sie für Ihre Kinder auf folgende Weise: Zuerst meditieren Sie sich in jedes Kind hinein. Wie geht es ihm? Was bewegt das Kind? Woran denkt es, wenn es allein ist? Was braucht es? Und dann beten Sie für das Kind. Sie können mit persönlichen Worten beten und Gott bitten, dass er das Kind segne und beschütze. Oder sie können nur immer wiederholen: Gott, segne mein Kind! Oder aber Sie können sich still hinsetzen und sich vorstellen, dass im Einatmen Gottes Liebe in Sie einströmt. Und im Ausatmen lassen Sie diese Liebe Gottes zu Ihrem Kind strömen. Sie können sich das Bild von zwei kommunizierenden Röhren vor Augen halten. Im Einatmen strömt Gottes Liebe in Sie hinein und im Ausatmen in das Kind hinein. Ein- und Ausatmen verbinden Sie mit dem Kind. Und zwischen Ihnen strömt nicht Angst und Sorge, sondern die heilende und befreiende Liebe Gottes.

Gott sorgt für den Menschen

Die Bibel zeigt uns noch einen anderen Aspekt der Sorge. Gott sorgt sich um den Menschen. Gott sorgt sich um den Noach, als er sieht, dass die Welt immer schlechter wird und ins eigene Verderben läuft. Er sorgt sich um den gerechten Noach und sinnt darauf, wie er ihn retten könne. So gibt er ihm den Befehl, eine Arche zu bauen. (Vgl. Gen 6,9-7,16) Gott möchte nicht, dass Noach und seine Familie zugrunde geht unter der Bosheit der Menschen. Und Gott sorgt auch für die Tiere: »Von den reinen Tieren nimm dir je sieben Paare mit, und von allen unreinen Tieren je ein Paar, auch von den Vögeln des Himmels je sieben Männchen und Weibchen, um Nachwuchs auf der ganzen Erde am Leben zu erhalten.« (Gen 7,2 f) Und Gott schließt einen Bund mit Noach und seinen Söhnen und mit allen Lebewesen, die mit ihm aus der Arche gekommen sind. Er verspricht, die Menschen nie mehr zu vernichten. Und als Zeichen dieses Bundes setzt er den Regenbogen an den Himmel.

Gott sorgt auf die Bitte Abrahams für seinen Neffen Lot. Er schickt ihm zwei Engel, dass sie ihn und seine Familie aus Sodom und Gomorra retten. Doch die Schwiegersöhne des Lot nehmen das Angebot der Rettung nicht an. (Vgl. Gen 19) So gehen sie mit den Städten zugrunde. Gott schickt auch heute

Engel zu uns, die für uns sorgen, die uns bewahren vor einem Unglück. Manchmal erkennen wir erst im Nachhinein, dass da ein Engel war, der uns geschützt hat. Engel sind Boten, die Gott uns schickt. In ihnen drückt er seine Fürsorge für uns aus. Sie begleiten uns, sie schützen uns vor Unheil und sie bringen uns in Berührung mit dem Potenzial, das in unserer eigenen Seele steckt.

Der Prophet Ezechiel beschreibt Gott als Hirten, der für seine Herde sorgt: »Die verlorengegangenen Tiere will ich suchen, die vertriebenen zurückbringen, die verletzten verbinden, die schwachen kräftigen, die fetten und starken behüten. Ich will ihr Hirt sein und für sie sorgen wie es recht ist.« (Ez 34,16) Jesus wird als der gute Hirte diese Sorge Gottes für die Menschen weiterführen. Er wird das verlorene Schaf suchen. Er geht ihm nach, bis er es gefunden hat. Dann »nimmt er es voll Freude auf die Schultern« und fordert seine Freunde auf: »Freut euch mit mir; ich habe mein Schaf wiedergefunden, das verloren war«. (Lk 15,3-7) Jesus wird seine Schafe auf eine gute Weide führen. (Joh 10,9) Und seine Sorge für seine Schafe gipfelt darin, dass er sein Leben für sie hingibt: »Ich bin der gute Hirt. Der gute Hirt gibt sein Leben hin für die Schafe.« (Joh 10,11)

Das Buch der Weisheit, das jüdische und griechische Weisheit miteinander verbindet, schreibt an mehreren Stellen von der Sorge Gottes für die Menschen: »Die Gerechten leben in Ewigkeit, der Herr belohnt sie, der Höchste sorgt für sie.« (Weis 5,15) Hier ist die Sorge Gottes an die Gerechtigkeit des Menschen gebunden. Der Autor mahnt die Menschen, gerecht zu leben. Dann dürfen sie gewiss sein, dass Gott für sie sorgt. An einer anderen Stelle wird die Sorge Gottes auf alle ausgeweitet: »Gott hat klein und groß geschaffen und trägt gleiche Sorge für alle.« (Weis 6,7) Hier macht das Buch der Weisheit eine eher philosophische Aussage, die in etwa der Weisheit der stoischen Philosophie entspricht, die von der *pronoia*, von der Vorsorge Gottes spricht. Gott hat alle Menschen und alle Lebewesen geschaffen. Und er trägt gleiche Sorge für alle. Das bezieht sich zum einen auf die Menschen. Gott macht keinen Unterschied zwischen Mann und Frau, zwischen Reich und Arm, zwischen Mächtigen und einfachen Menschen. Er sorgt für alle. Aber man kann das Wort auch auf den Kosmos beziehen. Gott hat alles geschaffen. Und er sorgt für alles. Auch der Kosmos ist ihm also ein Anliegen. Die Sorge Gottes für den Kosmos stärkt in uns die Hoffnung, dass diese Welt nicht ins Nichts versinken wird.

Im Psalm 94 zeigt der Beter, wie Gott für den Menschen sorgt: »Mehren sich die Sorgen des Herzens, so erquickt dein Trost meine Seele.« (Ps 94,19) Gott sorgt für den Menschen, indem er ihn in seinen quälenden Sorgen tröstet. Der Trost bewirkt Erquickung für die Seele. Das deutsche Wort Trost kommt von Treue und meint ein Feststehen. Gott steht zu uns, sodass wir in ihm einen festen Grund haben, auf dem wir stehen können und uns von den Sorgen nicht erdrücken oder aus der Bahn werfen lassen. Das lateinische Wort für Trost ist »consolatio«. Es meint, dass Gott mit mir in meiner Einsamkeit ist. Er tröstet mich, indem er sich in meine Einsamkeit wagt und mit mir ist. Dann wandelt sich meine Einsamkeit in eine tiefe Gotteserfahrung. Ich bin nicht allein. Gott ist bei mir und mit mir und in mir. Die eigentliche Sorge Gottes für den Menschen ist also, dass Gott zum Menschen kommt und in ihm Wohnung nehmen will. Diese Ahnung des Psalmisten wird in Jesus Christus erfüllt. In

Jesus kommt die Sorge Gottes für uns zu ihrem Höhepunkt. In Jesus wird Gott unser Trost. Er ist der Trost Israels, auf das das Volk immer schon gewartet hat.

Dass Gott für uns sorgt, zeigt uns Jesus auch in seinen Worten von der Sorglosigkeit. Wir sollen uns nicht um Nahrung und Kleidung Sorgen machen. Denn Gott sorgt für uns. Wenn Gott schon für die Vögel des Himmels sorgt und sie nährt, wenn er schon die Lilien so schön kleidet, wieviel mehr wird Gott für uns sorgen? »Euer himmlischer Vater weiß, dass ihr das alles braucht.« (Mt 6,32) Die Worte über die Sorglosigkeit meinen nicht, dass wir gar nichts tun sollen, um unsere Nahrung und unsere Kleidung sicherzustellen. Aber wir sollen uns frei machen von den ängstlichen Sorgen. Denn Gott sorgt für uns. Er weiß, was wir brauchen.

Unser Blick soll daher vor allem auf Gott gerichtet sein. »Euch muss es zuerst um sein Reich und seine Gerechtigkeit gehen; dann wird euch alles andere dazu gegeben.« (Mt 6,33) Wenn Gott in uns herrscht, dann sind alle unsere Bedürfnisse erfüllt. Gottes Reich ist der Ausdruck seiner Sorge für uns. Denn im Reich Gottes herrscht Gott und nicht Menschen, die uns Angst machen. Da herrscht Vertrauen in den himmlischen Vater, der für uns sorgt und der weiß, was wir brauchen. Und wenn Gott in uns herrscht, kann die Angst uns nicht mehr beherrschen. Dann leben wir voll Vertrauen.

Oft erkennen wir erst im Nachhinein, dass Gott für uns gesorgt hat. Wenn wir in Not sind, bitten wir Gott, dass er für uns sorgt. Aber wir spüren seine Sorge oft nicht. Wir haben den Eindruck, dass Gott uns allein lässt. Doch wenn wir später auf solche Notsituationen zurückschauen, erkennen wir: Gott hat für uns gesorgt. Ohne diese Erfahrung der Krise und manchmal auch des Scheiterns wären wir in die Irre gegangen. Wir hätten uns nur noch auf den äußeren Erfolg und auf unsere Karriere fixiert. Aber wir hätten unsere Seele verloren. Wir hätten den Zugang zu unserer inneren Mitte nicht mehr gefunden.

Manchmal können wir Gottes Sorge für uns gerade in Krisensituationen erfahren. Oder wenn wir uns schwach fühlen, erleben wir, dass Gott einen Engel zu uns sendet. Er sendet uns einen Menschen, der uns aufrichtet, oder ein Buch, das unser Herz anspricht, das uns wieder Mut macht. Manche können die Sorge Gottes sogar in ihrer Krankheit erfahren. Sie spüren, dass die Krankheit für sie zu einer Chance geworden ist, authentischer und achtsamer zu leben. Ohne die Krankheit hätten sie immer weitergemacht, bis sie vielleicht zusammengebrochen wären.

Wenn ich auf meinen Lebensweg zurückschaue, erkenne ich, dass Gott für mich gesorgt hat. Er hat dafür gesorgt, dass ich immer wieder mit meiner Schwäche konfrontiert wurde, um mich nicht über andere zu erheben. Und er hat mir meine Grenzen aufgezeigt, damit ich nicht maßlos werde. So wird es wohl jedem ergehen, wenn er auf sein Leben zurückblickt. Auch wenn manches schwierig war in seinem Leben, im Nachhinein erkennt er, dass Gott ihn nicht allein gelassen hat, sondern dass Gottes Sorge ihn auf einen Weg geführt hat, auf dem er zu dem geworden ist, der er jetzt ist.

Ritual

Stellen Sie sich aufrecht hin und sprechen Sie das Wort aus Psalm 55 immer wieder aus: »Wirf deine Sorgen auf den Herrn. Er hält dich aufrecht.« Indem Sie das sprechen, erleben Sie Ihr Stehen anders. Ich kann nur aufrecht stehen, wenn ich meine Sorgen loslasse, wenn ich sie Gott anvertraue, sie auf Gott werfe. Gott selbst gibt mir dann Stehvermögen. Ich kann zu mir stehen. Ich kann für mich einstehen. Ich richte mich auf. Die Sorgen belasten mich nicht mehr. Wenn Sie dieses Ritual geübt haben, genügt es oft schon, sich in irgendeiner kritischen Situation aufrecht hinzustellen. Dann spüren Sie: Das aufrechte Stehen hat immer auch mit dem Loslassen von Sorgen zu tun. Gott selbst nimmt mir die Sorgen ab, wenn ich sie auf ihn werfe. Dann können sie mich nicht mehr wie eine Last erdrücken.

Sorge ist Liebe – Schlussgedanken

Wir haben die verschiedenen Bedeutungen von Sorge betrachtet. Wir sind ausgegangen von der negativen Sicht der Sorgen, wie wir sie in vielen Ratgeberbüchern finden. Und wir sind in der Bibel und in der geistlichen Tradition der positiven Bedeutung der Sorge begegnet. Wir haben erkannt, dass Sorge eine ganz konkrete Weise ist, wie sich die Liebe ausdrückt. Von dieser konkreten Weise der Liebe in der Sorge für andere Menschen spricht Benedikt oft in seiner Regel. Benedikt vermeidet große Worte. Aber die Liebe des Abtes zu seinen Mönchen und die Liebe des Cellerars für seine Brüder zeigt sich gerade in der Sorge für sie. Benedikt mahnt den Abt, dass er im Gericht Gottes Rechenschaft ablegen muss für alle, die unter seiner Sorge waren. (RB 2,38) Eine besondere Sorge (cura) soll der Abt denen gegenüber haben, die sich verfehlen. »Denn nicht die Gesunden brauchen den Arzt, sondern die Kranken.« (RB 27,1) Der Abt »sei sich bewusst, dass er die Sorge (cura) für gebrechliche Menschen übernommen hat, nicht die Gewaltherrschaft über gesunde.« (RB 27,6) Auch vom Cellerar fordert Benedikt, dass er sich besonders um Kranke, Kinder, Gäste und Arme kümmern sollte (curam gerat). (RB 31,9) Aber diese Sorge soll sich auf das beschränken, was ihm der Abt aufgetragen hat. Er soll sich also nicht verantwortlich fühlen für Dinge, die ihm nicht zustehen. (RB 31,15) Besonders oft spricht Benedikt von der Sorge für die Kranken: »Die Sorge für die Kranken muss vor und über allem stehen: man soll ihnen so dienen, als wären sie wirklich Christus; hat er doch gesagt: ›Ich war krank, und ihr habt mich besucht‹.« (RB 36,1 f) Und er schärft dem Abt zweimal ein, dass es seine Hauptsorge (cura maxima) sein soll, dass die Kranken nicht vernachlässigt werden.

Benedikt nimmt das Wort »Liebe« nicht so oft in den Mund. Und wenn doch, dann spricht er meistens von der Liebe zu Christus, der der Mönch nichts vorziehen soll. Aber wenn Benedikt die Liebe zum Bruder bedenkt, spricht er sehr gerne von der Sorge (cura). In der Sorge für die Brüder, in der Sorge für die Kranken, in der Sorge für die Gäste, für die Kinder und für die Fremden drückt sich die Liebe konkret aus. Es ist eine tätige Liebe und nicht eine Liebe, von der man schwärmen kann.

Wenn ich die geistliche Tradition, die mir vor allem in der Regel Benedikts begegnet, bedenke, dann ist Sorge für mich eine Form von Liebe. Sorge ist die alltägliche Form von Liebe, die im Alltag praktizierte Form von Liebe zu den Menschen, mit denen ich zusammen lebe. Es gibt keine Liebe ohne Sorge. Die Sorge führt uns wie die Liebe vom Ich zum Du. Wer liebt, sorgt für den, den er liebt. Aber in diese Sorge für den Geliebten oder das Geliebte mischt sich immer auch Angst um den Geliebten. Diese Angst gehört wesentlich zur Sorge um den Geliebten. Wir können sie nie ganz ausradieren. Wir sollen die ängstliche Sorge immer wieder in eine liebende Sorge verwandeln.

Wenn die Angst überhand nimmt, dann macht sie aus der guten Sorge eine quälende Sorge. Die quälende Sorge (merimna) beschreiben die Griechen als innere Zerrissenheit. In der quälenden Sorge bin ich nicht eins mit mir und nicht eins mit der Liebe, die auf dem Grund meiner Seele wie eine Quelle sprudelt. Ich bin abgeschnitten vom eigenen Seelengrund. Aber keiner von uns kann verhindern, dass seine gute Sorge sich manchmal in eine quälende Sorge wandelt. Doch die quälende Sorge ist dann immer wieder Einladung, meine Sorgen auf Gott zu werfen und durch die ängstliche Sorge in den Grund meiner Seele zu gelangen. Dort auf dem Grund meiner Seele finde ich innere Ruhe. Und dort auf dem Grund meiner Seele erlebe ich auch, dass das Wort Jesu ein realistischer Weg ist, die negative in eine positive Sorge zu verwandeln: »Euch aber muss es zuerst um das Reich und seine Gerechtigkeit gehen; dann wird euch alles andere dazugegeben.« (Mt 6,33)

Das Reich Gottes ist in uns, so sagt Lukas. (Lk 17,21) Dort, wo Gott in uns herrscht, löst sich die negative Sorge auf. Da werden wir nicht mehr beherrscht von den Sorgen um andere, da werden wir nicht mehr beherrscht von unseren Bedürfnissen oder von den Erwartungen anderer Menschen. Dort sind wir wahrhaft frei, frei auch von Ängsten. Dort erfahren wir, dass Gott für uns sorgt. Und wo Gott für uns sorgt, sind wir frei, uns für die Menschen in Liebe zu sorgen.

Im Grund unserer Seele finden wir unser wahres Selbst. Doch wenn wir dieses Selbst gefunden haben, bleiben wir nicht bei uns stehen. Denn erstens sind wir auf dem Grund unserer Seele verbunden mit allen Menschen. Und zweitens werden wir dort, wo wir wahrhaft frei sind, auch frei, uns dem anderen in Liebe zuzuwenden. Dort geschieht der Umschwung vom Ich zum Du. In diesem inneren Grund erfahren wir, was Evagrius Ponticus als Wesen des Mönches beschreibt, der den inneren Raum der

Stille in sich entdeckt hat: »Ein Mönch ist ein Mensch, der sich von allem getrennt hat und sich doch mit allem verbunden fühlt. Ein Mönch weiß sich eins mit allen Menschen, denn immerzu findet er sich in jedem Menschen.« (Evagrius, Über das Gebet Nr. 124 und 125)

Wenn wir diese Erfahrung gemacht haben, dann gilt auch für uns die Seligpreisung, die Evagrius über den Mönch ausspricht: »Selig ist der Mönch, der das Wohlergehen und den Fortschritt anderer mit so viel Freude begrüßt, wie wenn er sein eigener wäre.« (Evagrius, Über das Gebet 122) Dann kommen die Sorge für sich und die Sorge für die anderen in Einklang. Dann wird der Gegensatz aufgehoben. Und wir brauchen keine Angst mehr zu haben, dass unsere Sorge zu einer ängstlichen und quälenden Sorge wird. Denn im anderen sehen wir uns selbst. Wir sorgen für ihn und für uns selbst, weil wir im Innersten miteinander verbunden sind.

Was Evagrius vom Mönch sagt, das gilt für jeden Menschen. In jedem Menschen ist auch ein Mönch, eine Nonne. Und dieser Mönch / diese Nonne in uns sorgt zunächst für sich selbst. Er/sie geht den Weg der Selbsterkenntnis, nimmt sich die Zeit, sich in der Begegnung mit Gott selbst kennen zu lernen. Aber das Ziel dieser Zeit ist eine neue Offenheit für jeden Menschen. Je mehr wir auf dem Weg des Mönches in unser Inneres gelangen, desto mehr fühlen wir uns mit allen Menschen verbunden. Denn auf dem Grund unserer Seele sind wir nicht mehr allein, sondern all-eins, eins mit allen Menschen, eins mit der ganzen Schöpfung, eins mit uns selbst und eins mit Gott. Und in dieser Einheit mit allem verwandelt sich die Sorge für den anderen in eine tiefe innere Verbundenheit und Solidarität. Wir können dann gar nicht mehr nur für uns sorgen. In der Sorge für uns sorgen wir immer schon für die Menschen. Denn mit ihnen fühlen wir uns im Tiefsten verbunden. Und das, was uns verbindet, ist die Liebe. Es ist die Liebe als die Kraft, die alles zusammenfügt und die alles und alle durchdringt. In dieser Liebe, die alles verbindet, verschwindet die ängstliche Sorge und weicht der Sorge, die reines Fürsein ist.

So wünsche ich allen Lesern und Leserinnen, dass dieser Weg vom Ich zum Du zum Segen für Sie selbst und für die vielen Menschen wird, um die Sie sich sorgen. Und ich wünsche Ihnen, dass Sie in Ihrem Innersten die Verbindung zu allen Menschen spüren. Dann dürfen Sie darauf vertrauen, dass Gott Ihre quälende Sorge immer wieder in eine liebende Sorge verwandelt und dass Sie in Ihrer liebenden Sorge zum Segen werden für viele Menschen.

LITERATUR

Leonardo Boff/Mark Hathaway, Befreite Schöpfung.
Kosmologie – Ökologie – Spiritualität, Kevelaer 2016.

Rudolf Bultmann, merimnan, ThWNT Band IV

Dale Carnegie, Sorge dich nicht – lebe! Die Kunst, zu einem
von Ängsten und Aufregungen befreiten Leben zu finden,
Frankfurt 2003.

Evagrius Ponticus, Praktikos. Über das Gebet, Münsterschwarzach 1986.

Martin Heidegger, Sein und Zeit, 7. unveränderte Auflage,
Tübingen 1953.

Peter Wohlleben, Das geheime Leben der Bäume. Was sie
fühlen, wie sie kommunizieren – die Entdeckung einer verbor-
genen Welt, München 2015.